# HERMANN-JOSEF WEIDINGER

# *Lasst mich vom Leben reden*

VERLAG NIEDERÖSTERREICHISCHES PRESSEHAUS

St. Pölten—Wien

2. Auflage 1990

© 1990 by
Verlag Niederösterreichisches Pressehaus
St. Pölten — Wien

Fotonachweis:
Archiv Hermann-Josef Weidinger

Einbandgestaltung:
Hans Schaumberger, Wien

Gesamtherstellung:
Niederösterreichisches Pressehaus
Druck- und Verlagsgesellschaft mbH
A-3100 St. Pölten, Gutenbergstraße 12

ISBN 3 85326 916 8

# INHALTSVERZEICHNIS

*Wer Fülle meidet / erreicht Erfüllung.*
*Wer innehält / erhält innen Halt.*

(Laotse, Tao te king)

Am Anfang unserer Bekanntschaft lag ein besonderes Geschenk: ein Gespräch, ein Erzählen in Geschichten über Geschichten aus einer Welt, die mir fremd und doch so nahe war.

Wir hatten uns auf einer Journalistenfahrt kennengelernt. Unglaublich, welche Fülle sich dieser »Ur-Begegnung« anschloß! Ich wurde mit einer Art des Erzählens konfrontiert, die mir fast schon verloren schien.

Da saß mir jemand gegenüber, der beide Seiten des Lebens in sich verbindet. Jemand, der um des Menschen doppelte Herkunft weiß. Von seinen Wurzeln, unten und oben. Ein großer Praktiker, der mit beiden Beinen im Leben steht, für den meßbare, faßbare Daten ebenso gelten wie das Unerwartete, Einzigartige vom Himmel her.

Ein ganz einfacher Mensch, kein »Gescheiter« — ein Weiser.

Durch seine ganzheitliche Sicht der Dinge öffnet sich ihm so viel — und damit auch uns.

Ich sehe unseren »Kräuterpfarrer« vor mir, wie er eine Blume pflückt, sie betrachtet, vorsichtig, voll Ehrfurcht — und sie schließlich verschmitzt lächelnd an seinen Hut steckt.

Er sieht in allem den göttlichen Ursprung schimmern, in dieser Blume wie in jedem lebendigen Wesen. Damit schenkt er Freiheit und Würde. Das spürt man auch.

7

Ihm gibt das ebenfalls unkonventionelle Freiheiten. Er beschränkt sich nicht, er schlägt Brücken, nimmt auf, interessiert sich für Neues, erfährt die ganze Fülle.

Was er sich vornimmt, macht er auch fertig, und zwar ganz fertig; handfest, nützlich und schön.

Unaufdringlich teilt er sich mit, aber immer sehr eindrücklich und fröhlich.

Ich bin dankbar für unsere Zusammenarbeit und freue mich, daß viele Menschen nun auch diese persönliche Nähe zum »Kräuterpfarrer« finden, wenn sie die Botschaften dieses Buches aufnehmen.

Wien, im Sommer 1990

Dieter Dorner

Leiter Unterhaltung Hörfunk
ORF

# I  DIE ANKUNFT

## *Arena der Bewährung*

Eine Summe von Augenblicken, das ist mein Leben.

Wie ich diese Augenblicke nutze? Darauf kommt es an.

Der eine winkte, fuhr mit der Breitseite seiner offenen Rechten vom oberen Ohrmuschelrand nach vorne.

Der andere, scheinbar ein Linkshänder, gab ein Zeichen, als würde die innere Handkante am Kopf vorbei die Luft teilen wollen.

»Va bene.« In Ordnung.

Und da mein Wagen nicht flugs dem hinterdrein nachdrängenden Platz machte: »Avanti!« schrie er.

Das Auto rollte flott weiter.

Ich saß im Fond und döste anfangs halb dahin, wurde jetzt aber hellwach.

»Francobollo, die Briefmarke«, so klang es in meinem Ohr nach. Von weither zwar, aber nicht überhörbar. Wie ein Bergecho von einer Felswand zur anderen reitet, den Weg nocheinmal nimmt und zurückkommt.

Viel näher lag mir jetzt die Tatsache, daß der Brennerpaß im Jahre 1772 eine neue, als »vorbildlich geltende Fahrstraße« erhielt, die auch Goethe zu einer Alpenüberquerung »mit der entsetzlichen Schnelle« verhalf.

1786 hat er von Innsbruck nach Trient nur 50 Stunden gebraucht — ich vom Waldviertel bis zum Brennerpaß ganze sechs Stunden. Die Straße war so gut, »daß man sie nachts mit einem schlafenden Kutscher flott befahren konnte...« Soweit der Dichterfürst.

Zwei Gegensätze umarmen einander am Brennerpaß: der Norden und der Süden. Hier verläuft die Grenze.

Als ich am 16. Jänner 1918 zur Welt kam, war alles noch vereint, Nord- und Südtirol. Eineinhalb Jahre später schnitt der Friede von Saint Germain Südtirol aus dem alten österreichischen Staatsgebiet heraus.

Und die »Francobollo«-Geschichte?

Sie hat sich in der für mich entscheidenden Nacht vom 7. auf den 8. Mai 1938 zugetragen.

Österreich war nicht mehr Österreich, war die Ostmark. Mein Bundesland Niederösterreich hieß nun Niederdonau. Das hatte ich am 12. und 13. März miterlebt.

In der Mainacht — ich zählte 20 Jahre, 3 Monate und 22 Tage — saß ich im Schnellzug Wien—Milano—Torino. Ich war auf dem Weg nach China, um Missionar zu werden. In meiner Hand hielt ich den Deutsch-Italienisch-Langenscheidt.

Suchte nervös nach dem Wort Briefmarke.

So hatte ich es beschlossen: mir in Mailand beim Umsteigen eine Briefmarke zu kaufen, heimzuschreiben.

Gleichzeitig spürte ich deutlich — wie lange schon nicht mehr —, wo in meinem Leib die Magengrube liegt. Ich, immer bestens beisammen mit dem Appetit, hatte es stets als überflüssig betrachtet, mich mit meinen Innereien zu beschäftigen.

Ich wog 86 Kilogramm. Ehrliches Eigengewicht, versteht sich. War 172 cm lang. So wurde es bei der Musterung am 12. März des gleichen Jahres gewogen und gemessen.

Heute ist Palmsonntag. Wir schreiben das Jahr 1990.

Die beiden Zöllner, der Österreicher und der Italiener, mit ihren »Zollhütten« und ihren so verschiedenen Gesten, waren zurückgeblieben.

Im Angesicht der Berge kletterten auch meine Gedanken höher. Stiegen in die Wand, hielten sich am Seil fest und ließen mich in Bozen erst wieder auf den Boden der Wirklichkeit zurückkehren.

Und die war so wirklich, daß mich über den gesundheitlichen Zustand nichts hinwegtäuschen konnte. Heiserkeit und Fieber waren keine Einbildung. Keine Einbildung auch, daß tags darauf eine 90-Minuten-Sendung »Kontakte« im RAI, Radiotelevisione Italiana, auf dem Programm stand.

Angst, Bedrängnis, Unsicherheit überkam mich. Das Menschsein wurde schwer, drückte mich nieder.

An diesem Morgen schon hatte ich es bemerkt. Das Vollziehen der Palmsonntag-Liturgie fiel mir zur Last.

Das »Hosanna dem Sohne Davids« zurückgedrängt in den hintersten Winkel des Herzens. Weil weder Stimmband noch Kehlkopf gewillt waren, dabei mitzutun.


Hal-le-lu-ja, Hal-le-lu-ja, Hal-le-lu-ja. Osternacht.
In Freuden die Auferstehung des Herrn gefeiert.
Staunend über das unfaßbare Ereignis. Gedankt.
ER — für uns gestorben, aber nicht im Tod geblieben.
Einen ganz neuen Sinn hat somit unser Leben — mein Leben — erhalten. Kein Philosoph kann ihn durch noch so feinsinnig ziselierte Denkakrobatik ersetzen.

Freude und Hoffnung siegen hier über Angst und Verzweiflung.

Die Auferstehung Jesu ist eine Wirklichkeit. Löst für mein ganzes Leben eine absolut entscheidende Wirkung mit grenzenlosen Heilsfolgen aus.

Jesus hat sich den Aposteln gezeigt. Sie mit dem Gruß des Friedens angesprochen. Mit ihnen gegessen und getrunken. Auch die Jünger von Emmaus haben beim Brechen des Brotes ihren Begleiter als den Auferstandenen erkannt.

Auferstehung ist Liebe. Von höchster Ebene her. Mit einer Streukraft endlosen Ausmaßes.

Liebe ist Mitteilung.

Und weil Gott die Liebe ist, teilt ER sich uns mit. In einer dreifachen, ganz innig vertrauten Einswerdung: im Opfermahl.« »Wer meinen Leib ißt und mein Blut trinkt, der bleibt in mir und ich in ihm.« (Joh 6,56)

In Gott sein. Gibt es Wertvolleres auf Erden?

Im Wort, das uns unter der Tragkraft des Geistes Gottes erhalten, überliefert und verkündet wird. Samen, der Frucht bringt zu seiner Zeit.

Im Dienst am Nächsten. — Die Nöte, die so vielfältig sind, sehen und lindern. Durch Mit-Teilen.

Weil Leben Liebe ist.


Als Arena der Bewährung, so sehe ich mein Leben.

Nicht als Erinnerung, als etwas, das war und vergeht. Sondern als mein Etwas, das ist und wird. Im Ewigen Halleluja endet. Im hellen Ein-Klang. In dieser Erden-Zeit bewußt angestrebt.

Meine Absicht? Mein Buch?

Nicht mehr als eine bescheidene kleine Hilfe will es sein. Der Leser, hingeführt zu seinem ureigensten Ich-Raum, der Herkunft, der Jugend und zu all dem, was hinter ihm liegt, soll Mut schöpfen für die Schritte nach vorne.

Ich selbst will nur Federweiß sein für den Stiefel meiner Mitmenschen.

Damit sie hineinrutschen in die eigenen.


## Leben allüberall

Die Heckenbraunelle, der Zaunkönig, die Goldammer lieben das Licht, das einfällt in das Dunkel des Waldes. Dort nisten sie gerne. Haben es jetzt eilig.

In Laub- und Mischwäldern, unter Fallblättern vom Vorjahr, wird es lebendig. Die Haselmaus verläßt ihr Winterquartier im Boden. Sucht nach geeigneten Bäumen, Sträuchern, Dachböden, Heuschobern und Berghütten. Baut dort ihr Sommernest, eine richtige Graskugel. Gewußt wie.

Es kommt die Zeit, da Hirschkuh und Rehgeiß das schmutziggraue Wollhaar abwerfen, ihre Decke sich wieder rotbraun färbt, wie sich's beim Rotwild gehört.

Ein Rascheln und Gegrunze, das gelegentlich an den Waldrand dringt, läßt alles erahnen. Eine Bache sucht mit ihren Frischlingen im Waldboden nach Käfern und Engerlingen. Nicht wissend, daß sie damit die Samensaat fördert, dem Forst eine Gunst erweist.

Fuchs und Dachs sind vollauf mit ihrer Kinderstube ausgelastet. Skeptisch spähen ihre Seher durch das Buschgestrüpp, in Sorge um die Kleinen — Feinde überall.

Das Wunder des Lebens durchbricht jede Hürde.

Der Wald ist zum Leben erwacht.

Wenn die Osterzeit in den Maimonat mündet, dann geht Sankt Marien durch die Fluren. Ihr blendendweißer Schleier bleibt an den Dornen hängen.

Auch die Kräuter sollen nicht zurückstehen. Sie sind sich ihrer heilenden Kraft wohl bewußt. Sind bereit, die Sendung zu erfüllen, die ihnen vom Schöpfer zugedacht.

Der Löwenzahn hofft noch ein wenig auf schöne Tage. Dann sollen seine strahlenden Körbchen dem Namen »Maiblum« alle Ehre machen. Bis sie zur »Pusteblum« werden.

Um das Lungenkraut brummen die pelzigen Hummeln, als würden sie sich ärgern, daß »Hansel und Gretel« mit ihren teils roten, teils blauen Blüten schon zum Verblühen neigen.

Kerzengerade steht der röhrige Blühstengel mit seinen blaßroten bis schmutzig purpurroten, in Trauben angeordneten Korbblüten der Pestwurz da. Wartet geduldig, bis ihn die übergroßen Blätter ablösen.

Baldrian besinnt sich. Kriecht vorsichtig heraus. Träumt von seiner Heilkraft. Spürt das Fließen der Energie in der Wurzel.

Das Mädesüß braucht noch eine Weile, um seine Milchrahmwedel vom Sommerwind wiegen zu lassen.

Der dunkle Nadelwald wird im Maiengedränge zur geruhsamen Kulisse, düster und versonnen.

Die Knospen schreien nach Licht und Wärme, bevor sie ihr Grün hell und freudig erneuern.

Zwischen zwei Kiefern, zerzaust von Regen, Wind und Unwetter, alles Unterholz in fünffacher Mannshöhe überragend, zwängt sich ein Strauchbaum durch: die Eberesche. Schlüpft gerade jetzt in ihr Festgewand, das durch tausend feine Härchen wie reines Silber glänzt.

Unten am Bachrand explodiert das Leben. Die Traubenkirsche gibt dabei den Ton an. Setzt mit ihrem hellen Grün einen kräftigen Akzent. Kennt keine Scheu.

Schwer hängen die weißen Blüten traubenförmig herunter. Und die Bienen können sich nicht genug daran gütlich tun. Machen ihr mit ihrem Gesumme den Hof.

Des Mondes Sichel schwebt im Mai durch den Abend voller Amselmusik, abgelöst durch die friedliche Nacht. Selbst ihr Dunkel besiegt der Hagedorn, der am Feldrain steht. Durch das helle Weiß seiner Doldenrispen mutet er an wie ein freundlicher Geist, der von drüben kommt.

Alles Geschöpf lebt um mich herum.

Alle Wesen verwirklichen den Sinn des Schöpfers. Loben IHN durch ihr Sein.

Alles plaudert, erzählt und kündet.

Wer soll mich da noch zurückhalten, vom Leben zu reden?


## *Der Wald prägt die Seinen*

Hingeworfen, verworren und verdreht.
Abgenützt, beschädigt und verschmiert.
Roch stark nach Pferdeschweiß.
So lag das Riemenzeug auf dem Tisch.
Angelehnt an die Mauer lagen die Sattelkissen.

Herunten am Boden standen die Pferdegeschirre.

Fast gespenstisch leuchteten die Messingbeschläge an ihnen auf. Jedesmal, wenn die Gasflamme der Laterne zu flackern begann, huschte ein metallenes Flimmern durch den Raum.

Halsriemen und Schweifriemen.

Stränge und Sprenggürtel.

Brustblätter und Seitenblätter.

Das und noch so manches, was eben zur Ausrüstung der Kavallerie gehört, hing, lehnte, stand oder lag da.

Ein Räuspern, ein Aufklatschen und die Ruhe zweier Männer war dahin, die bis jetzt anscheinend friedlich dasaßen, mit Bürste, Schuhpasta und Tabakasche ihr Roßzeug auf Glanz zu bringen. Nicht ohne Wolltuch.

Zwei Soldaten des Ersten Weltkrieges. Eingerückt in die Roßauerkaserne in Wien als Pferdebetreuer.

Beide trugen des Kaisers Rock.

Im Jahr zuvor, am 21. November 1916, war Franz Joseph, Kaiser von Österreich und König von Ungarn, im Schloß Schönbrunn verstorben.

Sein Neffe Karl I. wird Nachfolger.

Einen Tag nach seiner Regierungsübernahme erklärt er, alles unternehmen zu wollen, um die Schrecknisse und Opfer des Krieges in ehester Frist zu bannen und den Frieden seinen Völkern zurückzugewinnen.

Jure Supančić sprang auf.

»Neka ti se křiži potaru!« schrie zornig der Südkroate. Ein herzensguter Mensch zwar, aber explosiv.

»Daß d' dir das Kreuz brechen sollst!«

Nur so aus Gewohnheit gesagt. Als Dampfablaß, durchaus auf niemand Bestimmten bezogen.

»Wozu?« fragte der zweite, ein 37jähriger Waldviertler. Ädrig, markant das Gesicht, dunkel die Augenbrauen, das schwarze, kurze Haar gut gekämmt, mit Linksscheitel. Die Hände, rauh und abgearbeitet, zeugten vom Bauer-Sein.

Besonderer Wert wurde auf den aufgedrehten Schnurrbart gelegt. Pomade und Binde waren für die Nacht unerläßlich, um die typische Zwirbelform zu bewahren.

Fuhr dann fort:»Meinst du, Jure«, was nichts anderes als Georg heißt,»daß deswegen der grausige Krieg aufhört, wenn du im Bogen auf den Messingknopf am Kummet spuckst wie ein gereiztes Kamel?«

Supančić hörte es nicht mehr. Mit einem Leitseil unter dem Arm war er durch die Tür verschwunden.

Der zweite arbeitete weiter. Viele Gedanken gingen durch seinen Kopf, der breit war, aber nicht hohl.

Daheim hatte seine um drei Jahre jüngere Gattin die ganze Last der Bauernwirtschaft zu tragen.

Der alte Vater — ein Königgrätz-Kämpfer Anno 1866 — war, schon gebrechlich, das Kreuz abgebogen von der reichlichen Müh und Plag, im Februar verstorben.

Der einzige Sohn, erst zehn Jahre alt, griff überall zu, wo es nur ging und nottat.

Wie sollte es mit dem Krieg weitergehen?

Er brauchte zwar nicht ins Feld hinaus, weil er an Herzkranzgefäßverengung und Asthma litt. Deshalb war er zum Stalldienst kommandiert. Aber es schaute gar nicht nach Frieden aus. In der ganzen Welt nicht.

Die Revolution in Rußland hatte am 12. März das Zarenregime gestürzt. Nach der in Rußland damals gültigen Zeitrechnung war es der 27. Februar.

Auch die Vereinigten Staaten von Amerika haben bereits den deutschen Verbündeten den Krieg erklärt und somit ihre Neutralität aufgegeben.

Das Jahr 1917 scheint überhaupt ein Jahr der Wende zu werden. So ahnte man es. Keiner wußte aber wie.

Österreich-Ungarn ist völlig erschöpft. Einbrüche an der Italien-Front können nur mehr mit Hilfe deutscher Truppen geschlossen werden.

Während der zweite so beim Saubermachen des Zaumzeuges und der Halfter seinen Gedanken nachhing, blieb Jure verschwunden.

Da geht langsam die Tür auf.

Weiß wie Kreide steht der Kamerad da. Er zittert am ganzen Leib, keucht, schnappt nach Luft.

Von leicht dunkler Gesichtsfarbe, mit buschigen Augenbrauen und widerspenstig-struppigem Kopfhaar, war der Soldat Supančić, vom Zivilberuf Schuster und Sattler, ansonsten nicht kleinzukriegen. Feigheit kannte er nicht. Eher galt er als verwegen. Zwei Jahre war er an der Front. Erst nach einer Beinverletzung kam er zum Stalldienst.

Und jetzt stand er im Türrahmen.

»Daß d' dir ... brechen sollst ... das Kreiz«, fing er an. Leise, langsam und stotternd.

Wirft dabei das abgerissene Leitseil in den Raum.

Dann faßte er sich.

»Hab' ich alles probiert im Leben.

Nur nit das Aufhängen.

Da denk ich, muß mal probieren.

Wär' fast hin g'wesen. Durch das Teufelsriemen.

Glick gehabt. Ist kaputtgegangen. Ich lebe.

Mein Gott, danke. Ja, danke.«


Nachhaltig erinnert sich der zweite an diesen Vorfall in der Roßauerkaserne im 9. Wiener Gemeindebezirk.

Dort wo vor hundert Jahren noch freie Felder vor den Toren Wiens lagen, lange bevor das Häusermeer sie wegfraß; wohin am 31. Jänner des Jahres 1818 der legendäre Räuberhauptmann Johann Georg Grasel, der sein Unwesen im nordöstlichen Waldviertel trieb, mit zwei seiner Gefährten zum Richtplatz am ehemaligen Glacis geführt wurde, zwischen Burg und Schottentor; dort erbaute man später die Kaserne.

Auf dem mittleren Galgen, den Rücken zur Stadt gekehrt,

so starb der Grasel. Vorher soll er noch gesagt haben: »De Woch'n fongt jo guat on. Wer woaß, wia de no endt.« Wahr oder erfunden? Im Volke ist's jedenfalls verwurzelt.

Übermut, Todesgefahr, Kriegslärm allumher.

Der zweite aber liebte das Leben. Hatte die Überzeugung, daß man mit Leben und Tod nicht scherzen darf. Verstand es auch, Geschehnisse, Vorfälle, Ereignisse nicht einfach hinzunehmen. Eher neigte er dazu, eine Sinndeutung zu finden.

Er war Waldviertler.

Der Wald hatte ihn geprägt. Ihm seine Härte verliehen, die zum Durchhalten und Überleben verhilft und bewirkt, sich nicht kleinkriegen zu lassen, nicht aufzugeben. Menschen aus Waldgegenden sind eben von eigenem Schlag. Zäh, ausdauernd, innerlich, beschaulich.

Nach Ostern 1917 bekam er Urlaub, durfte einige Wochen daheim nach dem Rechten sehen. Und als er wieder in die Kaserne kam, war Jure Supančić nicht mehr da. Abkommandiert an die Südfront, wo »die Berge in Flammen standen« und jeder Maultierführer kostbar war.

Dort fiel er im Jänner 1918, Opfer eines sterbenden Reiches.

Wenige Wochen nach dem Urlaub kam für den zweiten ein Brief. Ein Brief aus dem Waldviertel. Von seiner Frau Maria, geborene Lösch.

Gleich als erstes teilte sie ihrem Mann mit, daß ihr um mehrere Jahre jüngerer Bruder Anton an der Isonzofront, bei Görz, gefallen war.

Der Mann kannte seinen Schwager sehr gut. Ein tüchtiger, noch lediger Jungbauer am elterlichen Hof in Prutzendorf Nr. 9, Pfarre Weitersfeld. Beide hatten sich immer gut verstanden. Jetzt war er tot.

Er aber lebte.

Da mußte er sich auf den Rand seiner Pritsche setzen. Die Hände vor das Gesicht gefaltet, betete er still und innig. Dann steckte er den Brief ein und ging in den Stall zu seinen Rossen.

Während er seinen Stalldienst versah — die Pferde waren weniger geworden, man brauchte sie an der Front —, fiel ihm ein, daß er den Brief von seiner Mariedl ja noch gar nicht zu Ende gelesen hatte. Gleich holte er das Versäumte nach.

Noch etwas war passiert.

Der Bauer und Soldat las den Brief ein zweites und ein drittes Mal. Las ihn im Pferdestall, bei den Rossen störte ihn ja niemand.

Kurz kratzte er sich hinter dem rechten Ohr.

Und lächelte.

## Ein Büberl, das Theresia hieß

Jeder Mensch wird in die Zeit hineingeboren, die seine Zeit ist — unwiederbringlich und einmalig für ihn.

Sie zu erkennen, daraus etwas zu machen, ist Aufgabe jedes einzelnen Menschen.

15. Jänner 1918.

In Wiener Neustadt bricht ein Streik aus. Arbeiter fordern Frieden, wollen keinen Krieg mehr.

Lautstarke Parolen auf dem Platz vor dem Rathaus. Und dichtes Gedränge. Die Herren im Rathaus sind machtlos. (In ruhigeren Zeiten waren sie die Macht in Person.) Wollen keineswegs schießen, in die Menge. Wagen es nicht, das Tor zu öffnen.

Es ist kein Streik mehr, vielmehr ein Belagerungszustand. Die Erstürmung des Rathauses droht.

Da kommt ein Zug Bosniaken auf den Platz zu.

Ob zufällig, auf dem Heimmarsch in die Kaserne? Sie waren jedenfalls da. Selbst noch im Jänner 1918 — der Prozeß des Zerfalls der Monarchie in vollem Gange — galten die Bosniaken immer noch als loyale Soldaten. Ihre Tapferkeit war sprichwörtlich.

Der Kommandant — angekommen, die Lage erfaßt — war entschlossen, es mit der zigfachen Übermacht aufzunehmen. Ließ die Männer mit aufgepflanztem Bajonett mitten auf das Rathaus zu marschieren. In Zweierreihe, so daß sich eine schmale Gasse bildete.

Dann erschallt plötzlich das Kommando: »Rechts und links um.« Die Menge weicht daraufhin auseinander, die Gasse wird breiter.

Ein neues Kommando: »Einen Schritt vorwärts, marsch!«

Durch diese Taktik wird in kurzer Zeit die Gasse so breit, daß das Rathaustor geöffnet werden kann, was kurz zuvor noch unmöglich schien.

Unterdessen hat sich auch das »Hohe Haus« entschlossen zu schießen. Natürlich nicht in die Menge, sondern in die Luft. Als Warnung bloß.

Die Demonstranten ziehen sich zurück und zerstreuen sich. Die Delegation wird eingelassen. Man kann in Ruhe verhandeln. Die psychologische Wirkung allein schon hatte Ruhe geschaffen. Es ging ohne Blutvergießen.

Für den Augenblick.

Kurz darauf brodelt es gewaltig in Brünn, Budapest, Graz und Prag. Streikende Arbeiter fordern Frieden.

Am gleichen Tag werden 1,7 Millionen amerikanische Rekruten einem Intelligenztest unterzogen. 50 Prozent liegen unter der Normalbegabung. Der Großteil kann weder lesen noch schreiben. Aber sie gewinnen den Krieg.

In Ägypten wird Gamal Abd el Nasser, der spätere Staatspräsident, geboren.

Tags darauf, am 16. Jänner 1918, 9 Uhr vormittags, es war ein Mittwoch, kam ich zur Welt. Schreiend, wie mir später die Mali-Tante versicherte. In Riegersburg, einer ärmlichen Gegend am Rande des Wald- und Weinviertels. Beide Viertel stoßen hier aufeinander, zeigen klar ihre Gegensätze: dort Rebenhügel und Weinkeller. Hier Felder, Wiesen, Steine und viel Wald.

Drei Tage danach, an einem Samstag, hob mich die Mali-Tante aus der Taufe.

Der Winter 1918 war mild.

Es hatte zwar öfters geschneit, aber nie so richtig. Hingegen der Wind ließ sich nicht spotten. Er zeigte, wie stürmisch er sein konnte. Kolossale Verwehungen ließ er zurück, wie die Alten noch zu erzählen wußten.

Am Neujahrstag verstarb in Riegersburg ein »Ortsarmer«. Die drei Kilometer zum Pfarrort wurden zum unüberwindlichen Problem. Der Weg war zur Gänze verweht. Erst fünf Tage danach schaffte es ein Pferdeschlitten. Aber auch bloß bis zur Kirche, denn der Pfad zum Friedhof war von mannshoch aufgetürmten Schneewächten blockiert. So blieb der Sarg mit dem Toten im Requisitenhäuschen nächst der Kirche. Erst am 8. Jänner wurde die Beerdigung möglich.

Am 16. Jänner raffte bei zehn Plusgraden ein Föhnsturm den Schnee innerhalb von 24 Stunden hinweg. Dichter Nebel lag in den nächsten Tagen über dem Land, und ein Rauhreif von seltener Pracht verzauberte Bäume und Sträucher, richtete aber auch Schaden an. Viele Bäume konnten der Überlast nicht standhalten und brachen. Bei anderen wieder, den Straßenbäumen, wurden die Äste bis zur Erde herabgebogen.

Sie formten einen Schneehügel, unter dem man durch mußte, um weiterzukommen.

Am Mittwoch geboren, dem Tag, der dem heiligen Josef geweiht ist. Und am Samstag getauft, dem wöchentlichen Ehrentag der Gottesmutter.

Maria und Josef haben dem Neugeborenen einen Stempel kindlicher Verehrung aufgedrückt, der sich bis heute bemerkbar macht:

Großes Gottvertrauen in allen Belangen, den Weg des Lebens über Maria zu Jesus zu gehen.

Per Mariam ad Jesum.

Und da es keine Zufälle gibt, die Schichtung der Umstände aber einen unbestreitbaren Einfluß auf die Vernetzung von Daten und Taten ausüben kann, wage ich zu sagen, daß mein Lieblingsgebet, das mich zeit meines Lebens begleitet, an meinen Geburtstag und Tauftag anknüpft.

»Jesus, Maria und Josef, euch schenk ich mein Herz und meine Seele.

Jesus, Maria und Josef, steht mir auch in meinem Todeskampfe bei.

Jesus, Maria und Josef, möge mit euch meine Seele in Frieden scheiden. Amen!«

Alle meine Manuskripte tragen am Blattrand oben in der Mitte die Initialen JMJ, bekrönt von einem Kreuz.

Nichts davon kommt in der Namensgebung zur Geltung. Hingegen Heinrich, wie der Vater heißt, und Anton. Zum Andenken an den Anton-Onkel, der im Feld geblieben ist.

So trug es der Taufpriester Emanuel Špale, gebürtig aus Klikau, Böhmen, in das Taufbuch der Pfarre Felling ein — Band V, Blatt 102, Reihe 1, als erste Taufe im Kriegsjahr 1918. Dann folgten drei Buben und drei Mädchen.

Die Patin, Amalia Neustifter, war die Schwester meines Vaters, ihr Gatte Josef Hafnermeister in Riegersburg Nr. 55. Ihre Ehe war kinderlos. Umso mehr ist es verständlich, daß sie an diesem Festtag gerne aktiv dabeisein wollten.

Mit dabei war auch mein damals elfjähriger Bruder Rudolf. Er war, wie ich später öfter aus seinem Munde hörte, von meiner Ankunft am wenigsten begeistert. Er rieb es mir ja oft genug um die Nase. Mit den nicht gerade schmeichelhaften Worten: »Den Jogl hab'ma grod no braucht. Habn eh mir schon nix z'essen.«

Ob das gerade so zu Unrecht gesagt worden ist? Von einem hochgeschossenen, ausgehungerten Bürschl angesichts des fürchterlichen Krieges und der bitteren Not, die kein Ende nehmen wollte?

Heinrich, wie der Vater.

An den himmelragenden Mauern des Bamberger Domes steht die markante Steinfigur eines Kaisers.

Heinrich II., römisch-deutscher Kaiser, mein Namenspatron. Hart war sein Wille zum Guten, klar sein Wirken — ein Leben mit Gott und für Gott.

Anton, mein zweiter Name.

Antonius von Padua, Franziskaner, Bettelmönch. Unermüdlicher Reiseprediger. Seine Anstrengungen gingen über Menschenkraft hinaus. Er schmeichelte nicht, und er schauspielerte nicht. Erweckte, was an Gutem in den Herzen der Menschen schlummert. Rieb sich dabei vollständig auf.

Trotz der beiden großen Heiligen, die das kleine Büberl, hineingeboren in die Not, ein Leben lang beschützen sollten, wurde das Kind noch lange nicht bei diesem Namen gerufen.

Schon am 22. Dezember 1908 hatte die Mutter einen Buben geboren, der auf den Namen Johann getauft wurde, wie der Großvater mütterlicherseits.

Damals begann ihr Leidensweg.

Der Kleine lebte nur drei Wochen lang. Starb in der Wiege an Fraisen, am 18. Jänner 1909. Dieser Verlust konnte nur schwer überwunden werden.

Die Mutter wünschte sich jetzt ein Mädchen.

Leider war's wieder ein Bub. Ein Büberl, das zum Trost der Mutter »Reserl« gerufen wurde. Bis zum fünften Lebensjahr.

Der Mensch steht nicht für sich allein. Er ist geschaffen für die Gemeinschaft, hineingeboren in die Welt Gottes. Mit den Füßen auf der Erde und dem Kopf zum Himmel.

Sterne können niemals Schicksal sein. Daß der Mensch an seinem Charakter arbeitet, das bezwecken sie.

Ich bin im Zeichen des Steinbocks geboren. Wie Jeanne d'Arc, die Freiheitskämpferin. Wie der Urwaldarzt Albert Schweitzer. Wie der Bischof von Mainz Emmanuel von Ketteler, Sozialbischof der ersten Stunde.

Dem Geburtsdatum des kleinen Heinrich Anton entspricht in der Baumsprache die Feld-Ulme oder die Rotrüster, ein Baum mit auffallender Stammrinde, die tiefe und lange Furchen trägt.

Ulme-Menschen?

Sie erregen Aufmerksamkeit, haben guten Geschmack. Sind bescheiden in persönlichen Ansprüchen und wollen niemals anderen das Leben schwermachen. Hohe Ansprüche stellen sie an sich selbst, beobachten, organisieren und führen, aber gehorchen nicht gerne. Ruhig und beherrscht, von Natur aus heiter, gewinnen sie leicht Vertrauen und Sympathie.

Steinbock und Rüster — sie sind Türöffner zu meinem Kommen, Zusammenspiel psychischer Kräfte. Im sprachlichen Ausdruck finden sie ihre Form.

Doch der kleine Ankömmling in seiner Wiege weiß noch nichts davon.

## II  DAS ELTERNHAUS

*Mein Vater, wie er war*

Aus der Wurzel wird das Leben.

Meine Eltern kamen aus Bauernfamilien.

Der Vater übernahm den Hof, Riegersburg Nr. 5. Die Mutter heiratete ein.

Eigenartig. Beiderseits waren ihrer sechs Kinder, je vier Buben und zwei Mädchen.

Der Vater geboren am 11. Mai 1880.

Die Mutter am 27. April 1883.

Dem Sternzeichen nach sind beide dem »Stier« zuzuordnen, obwohl in ihrem Wesen grundverschieden.

Nach der Baumsprache würde Pflanzencharakter und Menschentyp beim Vater mit der Pappel korrespondieren, bei der Mutter hingegen mit dem Nußbaum.

Der Vater energisch, streng bis hart, äußerst genau. Bedachte alles gut. Brauste leicht auf.

Ein gewisser Eigensinn war berechtigt, da er gründlich in sich ging und immer nur »einen Schritt nach dem andern« setzte. Wie er es auch von der ganzen Familie verlangte. Alles »Hudri-Wudri« verabscheute er.

Vorschriften machte er sich selbst, nahm sie jedoch nur schwer von jemand anderem an.

Auf sein Wort aber konnte man sich verlassen.

Lüge und Unehrlichkeit kannte er nicht, duldete sie ebensowenig an uns Kindern.

Heute geschaut, versetzt es mich in Erstaunen, wie verblüffend sich die Wesenszüge meines Vaters mit der Sprache der Pappel decken.

Überlegungen, nach einem gewissen Zeitabstand angestellt, eröffnen eine andere Perspektive.

Nüchtern, aber tiefer und umfassender.

Und Faden um Faden verknüpft sich zu einem kunstvollen Gewebe von Aussagekraft.

Typisch für Riegersburg sind die großen Teiche. Sie teilen das Dorf in zwei Hälften. Östlich liegen »Der Ort«, »drinnen«, »oben«. Westlich »Die Häusln«, »draußen«, »unten« — volkstümliche Bezeichnungen zur Zeit meiner Kindheit, die weder Überheblichkeit noch Erniedrigung ausdrückten. Durchaus nicht.

Beide Teiche werden von einem Damm getrennt. Auf seiner Krone verlief bis 1962 die Bezirksstraße.

Der obere Teich hieß auch Schloßteich. Er war mit einem Drahtzaun umfriedet und galt für mich als andere Welt.

Der untere Teich stand den Dorfleuten offen und war allgemein zugänglich. Hier wurde auch »Eis geschnitten«.

Den Damm entlang wuchsen riesige Silberpappeln von enormem Stammumfang. Als Ratscherbuben mußten wir unser ein halbes Dutzend zusammentun und einander die Hände reichen, um die stärkste unter allen am Baumleib zu umfangen. Wir brüsteten uns dann als »starke Pappelmänner«.

Die Pappel spricht ihre Baumsprache.

Mit all dem Für und Wider.

Baumwesen und Menschentyp in Parallele.

Dekorativ ist die Pappel. Erfreut das Auge durch ihr Aussehen. Hat zwar kein sicheres Auftreten, flimmert, wird unruhig bei jedem Windhauch. Ist aber in wirklich entscheidenden Augenblicken mutig.

Pappel-Menschen brauchen Wohlwollen und eine angenehme Umgebung. Sie sind wählerisch, bleiben deshalb oft einsam und allein, können leicht zu Einzelgängern werden.

Das unruhige Herz ist jedoch großer Gefühle fähig.

Ihre ungeheure Empfindsamkeit macht ihnen das Leben mit anderen manchmal schwer.

Abwechselnd pessimistisch, dann gleich wieder enthusiastisch, verbergen sie ihr Leben tief im Innern.

Neigen zum Philosophieren.

Zu den schönsten Eigenschaften der Pappel-Menschen zählt die Zuverlässigkeit in schweren Situationen.

Partnerschaft nehmen sie sehr ernst.

Das unabhängige Wesen der Pappel wird durch Liebe weich und abhängig.

## *Er sprach nie davon*

Ohne Leiden lebt man nicht in der Liebe.

Die älteste Schwester des Vaters, Theresia, hatte mit 22 Jahren den Gastwirt Karl Stockinger im Ort Nr. 19 geheiratet.

Der Mann war Trinker.

In jungen Jahren noch wurde sie Witwe. Schon vor der Ehe hatte man sie vor dieser Verbindung gewarnt. Doch sie ließ sich nichts dreinreden, setzte ihren Willen durch und blieb auch dabei.

Besonders mein Vater — er sprach nie mit uns darüber, aber ich erfuhr es viele Jahre später, nach seinem Tode — litt darunter, weil er diese um sechs Jahre ältere Schwester sehr liebte.

Wer versteht heute schon die sozialen Verhältnisse, wie sie vor mehr als hundert Jahren auf dem Land in einer kleinen Gemeinde herrschten. Bei einem Halblehner, der nicht viel mehr als zwölf Hektar besaß: moorige Wiesen, nasse Äcker, überall viel Lehm, reichlich Schotter und Sand. Doch nur wenig humusreichen Boden, und der war seichtgründig. Man durfte beim Ackern die Pflugschar, das »Grindl«, nie tief einstellen.

Meine Großeltern hatten im Jahre 1866 das Haus vom »Loishansl« gekauft. Eigentlich hießen sie Wustinger. — Die »Hütten« war vollständig abgewirtschaftet, sie mußte zur Gänze umgebaut werden.

Die alte Wustingerin ist über neunzig Jahre alt geworden. — Ich selbst habe sie noch in Erinnerung. Sie lebte in der »Schrangen«. Ihr Sohn hatte dort eine kleine »Fleischhackerei«, hackte auch einmal in der Woche im Dorf aus. Die anderen Tage fuhr er mit seinem Einspanner in die Nachbarortschaften.

Außer der Holzarbeit im Winter und dem Ins-Tagwerk-Gehen in den Meierhof der Herrschaft gab es keinerlei andere Verdienstmöglichkeiten.

Bei den Weidinger mit ihren sechs Kindern waren ihrer acht Leute zum Essen da.


Die Stockingerin hatte eine kleine Tochter, Adele.

Beide mußten ihr hartes Los tragen: das Kreuz mit dem Gatten und Vater.

Mein Vater ging gerne zu seiner Schwester. Half mit beim »Eisschneiden«, wenn der Eiskeller mit Vorrat für das ganze Jahr angefüllt wurde, damit im Bier- und Weinkeller nebenan die Getränke während der heißen Sommerzeit kühl blieben. Auch mit dem Würstemachen kannte er sich recht gut aus. Und wenn die Holzbauern vom Weinland ihre Ladung aus dem Herrschaftswald auf der Fuhre hatten und bei der »Resi-Tante« — so nannten sie die Wirtin — zukehrten, nahm er sich der Rosse an, fütterte und tränkte sie.

Mit dem Schwager aber ging es immer mehr bergab. Der chronische Alkoholmißbrauch hinterließ seine Spuren und Wunden.

Die Schwester des Gastwirtes, Maria, war mit Johann, dem älteren Bruder meines Vaters, verheiratet. Er hatte beim Fürsten Khevenhüller-Metsch im Starreiner Meierhof den Posten eines »Wirtschafters« bekommen und war nach seiner Heirat dorthin übersiedelt.

Ich habe ihn, den Johann-Onkel, als aufrechten Mann in Erinnerung, mit wuchtigem Knebelbart. Sah ihn nur mit seinem Gehstock dahermarschieren, gelegentlich auch sein Musikinstrument — er war Bläser — umgehängt.

Als der Gastwirt Stockinger am 5. März 1907 gestorben war, ereignete sich ein Jahr später etwas, was keiner vorhersehen konnte. Die Witwe »Resi-Tante« wurde im Pferdestall, der gelegentlich auch als Einstellstall diente, beim Roßfüttern überfallen. Sie schrie um Hilfe. Mein Vater kam vorbei, hörte die Schreie und eilte herbei. In der Stalltür rannte er mit einem Flüchtigen zusammen. Als starker, robuster Bursch legte er dem andern fest auf. Der war heilfroh, mit dem Leben davongekommen zu sein.

Doch das hatte ein Nachspiel.

Wenige Tage später waren die Gendarmen im Haus. Mein Vater wurde abgeführt, in Untersuchungshaft genommen, beschuldigt, sich an der eigenen Schwester vergangen zu haben, durch falsche Zeugenaussage verurteilt und für kurze Zeit eingesperrt.

Nie hat er davon gesprochen.

Der jüngste Bruder meines Vaters, Josef, ein Polizeibeamter in Wien, hat es mir erzählt. Er schloß mit den Worten: »Jetzt verstehst du auch, weshalb dein verstorbener Vater — Gott hab' ihn selig — verkapselt war, nie so richtig aus sich herausging. Das hat ihm einen Schock fürs ganze Leben versetzt.«

Ich erfuhr es erst nach meiner Priesterweihe.

Jetzt verstand ich auch meinen Vater besser, der mir immer schon den Eindruck der Verschlossenheit gemacht hat, obwohl er sehr lieb sein konnte.

Wer aber kannte sein seelisches Leid, sprach er doch nie davon.

Wer liebt . . .

. . . nimmt auch das Harte und Bittere an.

## Wenn der Vater heimkam

Den klapprigen Wagen hörte man schon von weitem. Dann blieben die beiden Pferde stehen, der Klang ihrer Hufe verstummte. Das »Öhaa« hatte seine Wirkung nicht verfehlt.

Schwere Schritte. Knarren eines Tores. Zuerst ein Flügel, danach der zweite.

Pferde und Karren kamen näher. Der Vater führte eines der Rosse am Zügel.

Schon stand ich da in meinem mit großen weißen Tupfen übersäten roten Kittel. Vor der Haustür.

So klein ich auch war, wußte ich doch genau, wie weit ich gehen durfte: bis zum Rand der großen Gneisplatte, die sich wuchtig unter dem Fenster unserer Stube ausbreitete und an den Eingang des großen Vorhauses heranreichte, das ebenfalls mit Steinplatten ausgelegt war.

Hinter der eisenbeschlagenen Haustür hatte jahrein jahraus das große Sauerkrautfaßl seinen Platz. Der Deckel wurde mit mordsklotzigen Steinen beschwert. Von unten her stieg am Faßrand entlang Schaum auf, der manchmal die Grenzen überschritt und auf den kalten Boden floß.

Flaumig-zerbrechlich lag er da. Lud geradezu zum Haschen ein. Zum Spielen, zum Ringelmalen mit den kleinen Fingern.

Wie wartete ich doch auf dieses Übergehen! Selbst war ich noch zu klein, diese Kostbarkeit herauszufischen.

Der säuerliche Krautgeruch erfüllte den ganzen Raum, machte vor der Stubentür nicht halt. Nur in die Schwarze Kuchl wagte er sich nicht.

Da drinnen hing nämlich auf einem Selchbaum, der weit in den pyramidenförmigen Rauchfang hineinreichte, das Kostbarste des Hauses. Gemeinsam mit dem Sauerkraut versinnbildlichte es bäuerliche Kraft.

In dieser von Rauch und Ruß geschwärzten Kuchl schien mir die Vorhölle ihren Anfang zu nehmen. Nicht einmal an Mutters Hand wäre ich damals hineingegangen.

In der Stub'n, neben dem Herd aus himmelblauen Kacheln, mit Wasserwandl und Backrohr, befand sich das große blecherne Türl zum Backofen. Da hinein durfte nur mein Bruder Rudolf kraxeln, um die Birn- und Zwetschkenkletzen herauszuholen. Mir war es noch nicht vergönnt.

Eines aber gehörte mir. Ausschließlich mir.

Hatte der Vater die Pferde ausgeschirrt, auf ihren Stand gebracht, Kummet und Leitzeug zum Durchlüften an die Mauer gehängt, dann gehörte er ganz mir.

Er hob mich empor, drückte mich an sich und trug mich in die Stub'n.

Drinnen setzte er mich auf sein rechtes Knie. Konnte es wunderbar im Gleichtakt auf und ab bewegen.

> Hopsa, hopsa Hösalmoa,
> de Kotz hot roti Stiefaln oa.
> Reit' damit auf Hollabrunn.
> Hollabrunn is Kirito'.
> Sitzt da krumpi Schneida do . . .

sang er dabei in seinem Bariton.

Nun kam der feierliche Augenblick, den ich schon so sehnsüchtig herbeigewünscht hatte:

Ich durfte mit beiden Daumen und den Zeigefingern seine Ohrläppchen erfassen, daran rubbeln und dies Kosen mit dem Geschmatz meiner Lippen begleiten.

Welch selig Gefühl der Geborgenheit.

Damals erfuhr ich es, was väterliche Zuneigung bedeutet.

Frühlingszeit war Pfeiferlzeit.

Kinder sind Perchten-Austreiber, sind Lärm-Macher. Und wenn der Winter abzieht, dann begleiten sie gerne seinen Rückzug mit ihrer Pfeifmusik.

Dafür hatte mein Vater Verständnis — aber auch das richtige Können.

Wenn im Frühjahr der Saft in den Bäumen und Sträuchern stieg, dann holte mein Vater den Taschenfeitel aus dem Hosensack und suchte bei der Feldarbeit nach den richtigen Pfeiferlstauden:

»Fölba« oder Weide, »Schmöger« oder Vogelbeere, »Holla« oder Schwarzer Holunder und nicht zuletzt nach der »Käst'n«, der Roßkastanie.

Wenn er nach der Heimkehr, obwohl sicherlich hungrig von der schweren Feldarbeit auf kargem Boden, mit mir in die Roßkammer ging, wo allerlei Werkzeug geordnet war, seine »Gat'n« vom Wagerl holte und mir ein Pfeiferl schnitt, dann saß ich am gestampften Lehmboden und verfolgte erwartungsvoll jeden Handgriff.

Besonders begeisterten mich die »Käst'n-Pfeiferln«.

Warum?

Heute weiß ich mehr darüber.

Weil die vielspurigen Blattnarben einem Pferdefuß ähneln, erhielt der Baum den Namen Roßkastanie. Vor dem Aufbruch sind die Knospen im Frühjahr sehr groß, breitkegelförmig, glänzend, braun und klebrig.

Und gerade diese »pickat'n« Knospen hatten es mir angetan!

Brachte mir der Vater so einen Kastanienzweig heim, dann nahm ich ihn behutsam in mein rechtes Handerl, kroch unters Bett und sammelte den Flaum auf. Vor allem die kleinen Federchen, die gelegentlich aus der Tuchent fielen, machten mir Riesenspaß.

»Wu...wu...Rawutza...puh!« schrie ich dann und war zufrieden.

Am meisten liebte ich die Roßkastanie jedoch des »Käst'n-Pfeiferls« wegen.

Beim »Pfeiferlmocha« braucht man ein gerades, glattes Stück ohne Ast. Beim Ast löst sich die Rinde nicht.

Nach dem Zuschneiden feuchtete der Vater die Rinde mit der Zunge an und klopfte sie auf seinem rechten Oberschenkel, gerade dort, wo ich nach seiner Heimkehr sitzen durfte. Nichts hielt mich davon ab.

Während des Klopfens drehte der Vater immer wieder das Holzstückchen und zog es zum Anfeuchten ab und zu durch den Mund. Dabei sagte er gern ein altes Sprücherl auf, das er als Bub schon gekannt hatte.

> Pfeiferl, Pfeiferl geh,
> ih schmeiß di' sunst in Schnee,
> ih schmeiß di' in Schindergrob'n,
> donn freß'n di' d'Meis und d'Schob'n.

Manchmal mußte der Vater dieses Sprücherl zwei- bis dreimal wiederholen. Dann erst wurde die Rinde locker, ließ sich losdrehen, und man konnte das »Röhrl« herunterziehen.

Vorne wurde dann die »Pfeiflipp'n« zugeschnitten, hinten ein kurzer Holzstöpsel in das Röhrl gesteckt. Durch Verschieben des Stöpsels konnte man den Ton regeln. Hohe, mittlere und tiefe Töne entstanden.

War das Pfeiferl fertig, dann überreichte es mir der Vater freudig.

Nun lief ich durch den Hof und pfiff und pfiff. Der Hund rannte mit und heulte, die Hühner stoben gackernd auseinander. Die Rinder im Stall zogen erschreckt an den Ketten, die Pferde wieherten.

Ich aber hatte daran meine kindliche Freude.

## Hätt' ich das gewußt, Mutter

»Wonn g'scheite Leit' red'n, donn geh' ih liaba in da Stüll' Ros'nkronz-Bet'n.«

So hörte ich meine Mutter öfter sagen, wenn sie merkte, daß das »Diskutieren« eigentlich nur ein »Leut'-Ausrichten« war und es dabei gegen die Nächstenliebe ging.

Sie, eine feinfühlige Frau, ergriff ihr Schammerl, setzte sich hin zum Ofen, damit um den Tisch mehr Platz war, nahm den Rosenkranz, der immer überm Weihwasserbrunnen neben der Stubentür hing, und betete.

Der tiefe Glaube, im Elternhaus praktiziert, entwickelte sich im Laufe ihrer Ehejahre zu einer Seelenhaltung, die eine grenzenlose Hoffnung als sichtbare Frucht heranreifen ließ.

Alle anderen Tugenden, die der Geduld, der Opferbereitschaft und der Demut, wurden gekrönt durch ihre innige Liebe zu Gott und dem Nächsten.

Heute noch spüre ich diese geheimnisvolle Kraft, die von meiner Mutter ausging.

Ich sehe sie vor mir, die Hände voller Schrunden. Zerklüftet und zerrissen von der harten Arbeit am Herd und im Stall. Die Schweinewirtschaft war ganz ihr Reich, und auch das tägliche Melken von sechs Kühen stand ihr zu.

Vielschichtig war auch ihr Tagwerk im Haushalt. Außer dem täglichen Kochen, Abwaschen und Aufräumen kamen noch das Wäschewaschen, das Brotbacken, das Krauteinschneiden, das Kletzendörren und das Spinnen hinzu.

Im Winter lag das Linsenklauben und Federnschleißln in ihren Händen. Sie mußte Frauen und Mädchen aus dem Dorf einladen, Kletzenbrot und heißen Tee aufwarten. Denn erst beim Federhahn, dem Abschluß, da sollte es richtig festlich und lustig hergehen.

Die Sonntagsg'wandln richten. Die Arbeit so einteilen, daß die Mannsbilder auch keine Ausrede hatten, »nit in d' Kirch'n geh'n z'müßn«.

Die vielen Bettler, die immer wieder die Türschnalle drückten, für jede Mahlzeit dankbar waren.

Die armen Leut' im Dorf nicht vergessen, die beim Abstechen Grammeln und Blunzensuppe bekamen.

Daß die Buben auch rechtzeitig in der Schule waren, ihre Aufgaben machten, die Freizeit nicht totschlugen. Denn »Orbat gibt's bei uns gmui.«

Ich habe meine Mutter schon in der Wiege als Mutter erlebt, ich spürte sie. Ihr Herz ließ sich in keine Grenzen sperren. Sie schien aus einem Meer des Unbegrenzten zu schöpfen und nur im Unendlichen frei zu sein.

Das Herz meiner Mutter.

Erst am Abend des 5. Mai 1938, als ich mit ihr das letzte Gespräch hatte, erfuhr ich von etwas, das lange schon zurücklag. Sehr lange schon.

Mehr als 21 Jahre.


## Vom Winde gebrochen

Entfaltung im Leben ist Weg im Werden.

Eigentlich war das Wetter in diesen Tagen gut.

Sehr warm, viel Sonne. Gelegentlich machte sich ein starker Wind bemerkbar.

Da lag sie. Abgebrochen, die blaue Lilienknospe. Eine von dreien auf einem Stengel.

Ich hob sie auf.

Sie war zur Gänze geschlossen, im Grün der Hüllblätter versteckt. Nichts als ein blaues Spitzchen lugte hervor.

Füllte eine kleine Vase mit frischem Wasser, gab sie hinein, stellte die Lilienknospe auf den Tisch.

Am nächsten Morgen, was sah ich da?

Ein Spektakel, das sich vor meinen Augen abspielte.

Tagsüber konnte ich es in seinem Ablauf verfolgen, das Aufblühen der Schwertlilienknospe.

Abends zeigt sie sich in ihrer ganzen Größe, Schönheit, Würde und Hoheit.

In einem tiefen, samtigen Violett löst sich ein Blütenblatt langsam von der kompakten Knospe, rollt sich aus.

Sichtbar wird nach der Mitte hin eine hellere, klar abgegrenzte Zone, auf jedem Hängeblatt.

Am Abend steht eine wohlgeordnete Blüte da.

Eine Schwertlilie, offen und klar.

Benannt nach der Form ihrer Blätter.


Jede Pflanze braucht Erde, um zu werden.

Jeder Mensch braucht die Familie. Sie ist sein Schutzwall, sein Bollwerk.

Erde ist fest, ist sicher.

Auf ihr kann man stehen, bauen und pflanzen. Sie trägt, ist aber dennoch weich und zart zugleich.

Erde ist fruchtbar.

Sie gebiert, nährt und strotzt vor Vitalität. Sie ist stark und unverwüstlich.

Erde kann beides sein: trockener, toter Sand und gebärender Humus.

Hat tiefe Schluchten und unbezwingbare Gipfel. Sie ist da und scheint es auf immer und ewig zu sein.

Erde ist aber auch hart.

Sie kann verschütten und ersticken.

Erde ist permanent, dauernd, anhaltend und ständig.

Mit ihr kann man rechnen. Bei ihr ist man sicher und geborgen, braucht nie Mangel zu leiden.

Erde spendet, sie gibt freiwillig ab.

Ausbeuten aber läßt sie sich nicht. Wer es dennoch tut, geht an die Substanz. Stört ihre Schönheit. Tötet die Erde.

Erde ist ruhig und gelassen.

Sie hegt und pflegt das Ihre. Ist immer geschäftig, immer revolutionär.

Langsam, aber sicher wächst Bleibendes und gibt eine Ahnung von der unbezwingbaren Macht des Schöpfers.

Erde ist Gruß.

Erde ist der Weg zum Leben.

Wurzeln holen sich die Kraft aus der Erde.

Erdverbundene Menschen haben ein Daheim. Ein Zuhause. Eine Heimat.

Meine Mutter war für uns Kinder der Boden, die Heimaterde, das Leben.

Durch meine Mutter bin ich geworden.

Sie ist der Urkern unserer Familie.

Mein Leben ist das Leben meiner Mutter.


## *So klein meine Welt, sie schien mir voll Sonne*

Unser Bauernhof zählte zu den bescheidensten des Ortes Riegersburg, wenn er auch durchaus gut geführt war.

Schlicht, aber nett stand er da in seiner Vorderansicht.

Da war das massive hölzerne Haustor, das tagsüber mit einer Eisenklemme ein Stück offen gehalten wurde, so daß die Hühner freien Auslauf auf den grünen Dorfanger hatten und Bettler und Hilfesuchende stets freien Eingang fanden. Nur wenn alles auf dem Feld war, wurde abgesperrt, der Schlüssel dann rechts unter einen Steinbrocken gelegt. Ein sicherer Aufbewahrungsort, von dem alle Nachbarn wußten. Mißtrauen kannten wir nicht.

Hinter dem Tor lag die überdachte Hofeinfahrt, das sogenannte »Otter«.

Rechts davon, auf der Straßenseite, drei Fenster, mit einem davorgelagerten Hausgartl, dessen Anziehungspunkt ein mächtiger Fliederbaum war. Mit ihm ist die folgende Geschichte verbunden.

Alle waren im Haus beschäftigt. Mir nahm es niemand übel, daß ich, obwohl noch klein, einmal da, dann wieder dort auftauchte. Mein älterer Bruder nannte mich nicht anders als einen »Herumstrawanzer«.

Den psychologischen Effekt des Flieders kannte ich damals noch nicht. Doch »wonn da Holla bliaht, do hebt's da s'Gmiat« — wie man bei uns gerne sagte — übte auch auf mich seine Wirkung aus.

Das Gartltürl stand offen. Scheinbar hatte die Mutter vergessen, beim »Schnittling-Holen« für die Suppe das Vorhangschloß einzuhängen.

Auf meinen Entdeckungsmärschen dort angelangt, vom edlen Duft angelockt, stand ich bald unterm Fliederbaum, der sich weg von der Mauer hin zum Lichte neigte.

Ich war glückselig und zufrieden.

Dann aber . . .

Die Mutter jammerte.

Der Vater war verärgert.

Der ältere Bruder lief herum wie gereizt und suchte.

Schon brach die Nacht herein, und ich galt als abgängig. Niemand wußte, wo ich war.

Schließlich verdankten sie es meiner Freundin, der Hündin Lydi, von der später noch die Rede sein wird, daß alle Angst ein Ende fand.

Friedlich lag ich unterm Fliederbaum im Zwiebelbeet.

Und schlief.


Ein altes Kisterl, mit Heu ausgepolstert, auf den Schubkarren gestellt. Ein »Grostiachl« herumgewickelt und damit befestigt. Hinein dann in dieses »Hendlkistl« und ab ging die Post!

So fuhren wir los, die Mali-Tante und ich, über den Teichdamm, hinunter in »Die Häusln«.

Auf Nummer 55, wo ein großes Aushängeschild prangte: »Josef Neustifter, Hafnermeister und Tonwarenerzeuger«.

Und dort begann für mich, neben dem Elternhaus, ein

zweites Stück meiner Welt von damals. Klein war sie, aber voller Sonne.

Ein hageres Männlein. Der Neustifter-Onkel. Er war scheinbar mit der Tabakpfeife zur Welt gekommen, denn wo immer er ging, hinterließ er eine Rauchwolke. Er stammte aus einer kinderreichen Familie. Sein Großvater war nach 1800 aus dem Oberösterreichischen nach Riegersburg zugewandert. Vom Fürsten Khevenhüller seinerzeit herbeigerufen, um im Schloß alte Kachelöfen in Ordnung zu halten und neue zu setzen. Er siedelte sich in den »Häusln« an, wo eigentlich alle Handwerker wohnten. Mit Ausnahme des Dorfschmieds und des Fleischhackers. Die Dorfschmiede stand auf der Schaffinger Straße. Der Viehhändler und Fleischhacker war ein Viertel-Lehner, zählte also zu den Bauern.

Auf der Kastenberger Höhe erhob sich die Windmühle, die mehrmals ihre Besitzer wechselte. Von den Forsthubern wurde sie gebaut.

Der Zimmermeister Steinbrecher hatte in den »Häusln« seinen Holzplatz und sein Sägewerk.

Der Enzfelder-Schuster machte Stiefel, Lederschlapfen und Arbeitsschuhe.

Der alte Trawnizek war als Mühlenbauer in der ganzen Gegend führend. Er ging viel auf die Stör. Selbst ein Blinder hätte seiner Fährte folgen können, so sehr roch er nach Wein.

Der Lenninger-Schneider bediente auch Kunden von auswärts. Seine Exaktheit und sein Können wurden hoch eingeschätzt. Von ihm bekam ich später mein »Kommuniong'wandl«.

Seit März 1921 gab es in Riegersburg wieder einen Arzt. Auch er wohnte »drüberm Teich«, im sogenannten Pumpenbrunnhäusl, welches der Gemeinde gehörte. »Dr. Robert Knauer ist ein Sonderling. Kocht und macht sich alles selbst. Duzt fast einen jeden, aber ist ein guter Arzt. Bis jetzt war die Pfarre als Ärztesprengel — nach Abgang von Dr. Schirmer

nach Schaffa zur Judengemeinde — Frain und dann Weitersfeld zugeteilt. Dies verursachte viel Schwierigkeiten und
Auslagen«. Soweit der Chronist.

Der »Jandl-Holzschuhmacha« am Halterberg galt zwar
nicht als Handwerker, sondern als »Gfrintna«, aber er leistete
uns für die damalige Zeit große Dienste.

Der »Lösch-Binder« lieferte »Faßln« jeder Art — fürs
Kraut, für die »Moasch« und zum »Buttarüahrn« — und sonst
noch manch nützliches Gebinde für Haus und Hof.

Der »Schmid-Semmelbäck« hatte damals noch offen.
Später verpachtete er das Geschäft.

Dem Buresch mit seiner Greißlerei war nicht zum Lachen.
Riegersburg mit 84 Hausnummern und 416 Einwohnern hatte
nämlich noch drei andere Greißler — Konkurrenz genug.
Hingegen als »Gastronom« war er führende Marke.

Oben in der »Windmühle« saß die Wustingerin, vulgo
»Zwicklin« genannt. Sie vergreißelte Mehl, Grieß und Kleie.
Die Mühle stand schon lange still, die Windflügel fehlten.

Er fuhrwerkte mit seinem Einspanner im herrschaftlichen
Wald. Wustinger schrieb er sich. Den »Zwickl« verdankte er
seiner voll-spitzen Bauchform.

Im Dorf drinnen die Kurzreiter-Toni. Bei der tränte ständig das große Petroleumfaß mit der Pipe, so daß der Staubzuk-
ker, der nebenan stand, stets nach Öl schmeckte. Ob Firneis
oder Terpentin, nicht weit entfernt abgestellt, die Situation
etwas mildern sollte?

Die Hauerin am Eck neben dem großen Nagawitzer-
Birnbaum nützte ihre Nähe zur Volksschule aus, indem sie
Waren feilbot, die ihren wissensdurstigen Kunden angemes-
sen waren: Federstiele, Schwämme, Bleistifte, Radiergummi,
Schiefertafeln. Darüber hinaus Spagatschnürln, Taschen-
feitln, Holzschuhbrettln, Peitschenstecken, Salz, Kümmel
und einige andere Gewürze. Die Seidenzuckerln, die einem
den Mund wie eine Pappschachtel zusammenklebten, waren
hauptsächlich für die »Süßen Goscherln« der Dirndln be-

stimmt und ganz hinten neben dem Essigfaßl gelagert, wo auch das Papier zum »Stanitzeldrehen« aufgestapelt war.

Die Mali-Tante hielt sich einige Ziegen.
Mit ihnen plauderte sie jedesmal, wenn sie am Stall vorbeikam. Die kannten schon ihre entschlossenen Schritte, wenn sie durch den Hof marschierte, und verstanden es, sie mit ihrem »Meeek Mäh . . .« herzbewegend zu rufen.

Hinter dem Wohnhaus stand der »Heahnakobl«. Zu dem ging ich so gern. Hühner hatten wir daheim auch. Das waren große Vögel, unverschämte noch dazu. Mit ihren Schnäbeln hackten sie nämlich oft auf kleine Kinder ein. Vor allem dann, wenn man sie gerade streicheln wollte, während sie auf ihren Nestern saßen und brüteten.

Ganz anders waren die Hühner der Mali-Tante. Sie waren zierlich und klein, Zwerghühner eben. Und diese hatten Respekt vor mir. Liefen davon, wenn so ein Knirps daherkam, und er konnte hinterherlaufen — bis er niederfiel und weinte.

Dann eilte die Tante herbei, und es gab Honig.
»Der is aus unserm Gort'n«, sagte sie. Das bedeutete mir anfangs wenig. Ich schätzte nur eine Eigenschaft an ihm: Er war »zam Narrischwerd'n siaß«. Und das Süße, das mochte ich. Weil es ganz anders war als das Sauerkraut daheim, von dem die Mutter auch sagte: »Des ist guit, iß noa vü, donn wiast amol stoark.«

Der Honig bei der Tante schmeckte hingegen viel besser. Da zog ich es eben vor, »anders stark« zu werden. So nach Art der Mali-Tante.

Und sobald ich erfuhr, daß Honig gegen Husten ist und Husten nicht stark macht, da hatte ich immer Husten, »Krächaz'n«, wie wir zuhause sagten.

Solange ich Honig als Gegenmittel bekam.
Fehlte der, war auch der Husten fort.

Sechs unten und sechs oben.

Macht insgesamt zwölf.

Nicht die zwölf Wasserkrüge bei der Hochzeit von Kana waren es, wo Jesus sein erstes aufsehenerregendes Wunder wirkte. — Nein. Nicht weit weg von meinem Elternhaus lag die Wunderwelt meiner Kindheit. Sie lag in Onkel Neustifters Garten.

Den Hang hinauf war der Garten in Terrassenform angelegt. Er übertraf alle kindlichen Vorstellungen.

Die Steinquaderfugen der Trocken-Mauer waren mit allerlei Kräutern ausgefüllt. Sie rochen ja so herrlich!

Bei uns daheim grenzte der Hofgarten gleich hinten an die Scheune. Er war brettel-eben und sein Zaun meist ramponiert, weil die fremden Hunde sich »durcharbeiteten«. Auf der Südseite hatten wir als Nachbar die Schloßgärtnerei, die auch ein Wunderland gewesen wäre. Leider war dort der Zaun nie kaputt. Und der Waldi, der dickschädelige schwarze Dackel des Gärtnermeisters Křiž, hatte ein sehr gutes Gehör und ein scharfes Gebiß.

Oben in Onkel Neustifters Garten stand die »Bennhüttn« mit zwölf Bienenstöcken.

Das Leben und Treiben der Bienen — wär' das nicht etwas?

Ob ich nicht auch eine Biene sein könnte, muß ich eines Tages den Onkel gefragt haben.

Das ginge nicht. Aber fleißig sein, den Leuten Gutes tun, das könne ich sicher.

Dann änderte ich, wie das Wetter im April, plötzlich meine Absicht. Damals, als mich die erste Biene stach.

Ach, tat das weh!

Aus war's mit dem »Benn-sein-Woll'n«.

Der Onkel ging mit mir in seine Werkstatt, legte mir einen Batzen frischer Tonerde auf. Bienenstich und Schmerz waren wieder vergessen.

Eines blieb: die Liebe zum Honig.

Was so eine »Taufgodl« alles kann?

Und wofür sie gut ist?

Die Mali-Tante war herzensgut. Sie mochte mich sehr, und ich liebte sie auch. Eigene Kinder waren ihr versagt geblieben. Ihre Zuneigung aber schenkte sie mir. Mit der stillen Absicht, daß ich einmal »alles übernehmen sollte«.

Daraus wurde später nichts, weil ich meine eigenen Wege ging, Hafnerlehrling nicht werden wollte.

Der Ortsteil »Die Häusln«, beim Neustifter-Onkel und der Mali-Tante, wurden mir zur Außenstelle meines Elternhauses. War ich doch ihr Herzbinkerl.

Die Tante holte sich täglich bei uns vom »Frühmelken« die Kuhmilch. »Weil's a guidi Müli hobt's.«

Sie und ihr Mann lebten sehr gesund.

Schwarzer und Roter Ribiselsaft, Rhabarberkompott, Spargelgemüse, Kürbisse, Zwetschken, Fenchel und Anis — das und vieles andere gab es bei ihnen auf dem Tisch. Alles aus dem eigenen Garten.

Beim Milchholen — wenn die Ziegen trocken standen — nahm mich die Tante oft mit sich. Nicht selten auf dem Schubkarren, gelegentlich eingebettet im Geißenfutter, das sie von unserer Tenne haben konnte, wo Klee und Gras für die Rinder lagen.

An ein selbst zusammengereimtes kindlich-gläubig Gebet, das ich abends vor dem Schlafengehen verrichtete, erinnere ich mich noch sehr gut.

Himmivota, göl, ih woa heut' eh brav.

In Gottsnom geh' ih iazt schlofa.

Moring steh' ih wieda auf

und fohr mit da Mali-Tant' mit.

# III   AUS KINDERTAGEN

## *Hineingeboren in eine harte Zeit*

Weltpolitik wirft ihren Schein über meine Existenz.
Denn Schicksal der Heimat ist Geschick des Menschen.
An der Wende vom Oktober zum November 1918: das
Habsburgerreich zerbricht.
28. Oktober. Der tschechische Nationalrat ruft die Repu-
blik aus. Tomáš Masaryk wird erster Präsident. Sein Bild sah
ich später im Klassenzimmer der Bürgerschule in Frain.
Streng blickte er auf uns herab.
Zusammenbruch ist Umbruch in einem.
In meiner Heimat stand die Bevölkerung all dem Gesche-
hen ziemlich teilnahmslos gegenüber. Nach soviel Not und
Elend wollte man den Frieden und bessere Zeiten.
Den Kaisernamenstag — am 4. November 1918 und sonn-
tags darauf — feierte man noch einmal. Sang zum letzten Mal
in den Kirchen das »Gott erhalte«.
Ende Dezember 1918. Die Tschechoslowakei bewacht die
Reichsgrenze mit Hilfe des Militärs. Das Drüben und das
Herüben, das Da und das Dort kannten Generationen vorher
nicht. Für sie gab es nur ein Reich, einen Kaiser. Jetzt lag aber
eine Staatsgrenze dazwischen.
In dieser Stimmung wuchs ich auf.

1919. Die ersten Wahlen in der Republik.
Eine Überraschung war das Ergebnis in der Pfarre.
Die Christlich-Sozialen lagen weit vorne, die Deutsch-

nationalen gleich an zweiter Stelle, während die Sozialdemokraten schlecht abschnitten.

Der Grund dafür?

Nicht wenige hatten sich gleich nach dem Krieg von »Freiheit, Gleichheit und Brüderlichkeit« große Hoffnungen gemacht. Auch die kleineren Bauern. Eine Abordnung erschien im Rentamt der Khevenhüllerschen Gutsverwaltung in Fronsburg mit der Aufforderung, man möge ihnen doch endlich die Felder und den Wald des herrschaftlichen Besitzes übergeben.

Dazu kam es nicht.

Die Güterteilung blieb aus.

Alle in meiner Heimat litten unter der Grenzziehung. Viele unserer Felder lagen drüben.

Wir hatten viele Verwandte in Südmähren. Dort spürten sie Hunger und Not nicht so stark. Sie wollten uns helfen und konnten nicht.

Die Lebensmittelausfuhr aus der Tschechoslowakei war verboten. Der Schmuggel blühte. Hoch im Kurs stand der Valuta-Schleichhandel mit Zwei- und Ein-Kronen-Noten.

Ungeahntes Ausmaß nahm der Holzdiebstahl an. »Normale« konnten sich das teure Brennmaterial nicht leisten. Bei Tag und bei Nacht wurde es fuhrenweise weggeführt.

In meinem Elternhaus kannte man das Wort »Stehlen« nicht. Wir froren lieber und hungerten in der großen Not.

Später hörte ich die Mutter sagen, daß die Leute früher nie erfahren hätten, wie gut Erdäpfel schmeckten.

Ich war ein Jahr alt. Konnte noch nicht laufen.

War immer ausgehungert. Hatte kaum mehr Kraft.

Der Mutter war die Brust versiegt.

Mit Zuckerrüben machte sie Sirup. Zerriß die eigene Wäsche. Drehte einen Schnuller zusammen. Tränkte ihn mit Sirup. Band ihn mir mit einem Wäschestreifen um den Hals, da ich so begierig danach schnappte.

Ich schrie vor Hunger ununterbrochen.
Das trieb mir am mageren Körperchen den Nabel heraus,
so daß ich an einem Nabelbruch litt.


## Lydi, mein Kindermädchen

Die Mutter, vielbeschäftigt, konnte nicht immer um mich
und bei mir sein.

Ein Lumpen-Bujazzer war mein erstes Spielzeug.

Fetzen von einem abgetragenen Soldatenrock, mit Resten
eines ausgedienten Weiberkittels. Kopf und Gesicht aus einem Stück eines alten Hemdes zusammengenäht. Mit Säge-
mehl gefüllt. Die Haare aus Flachs aufgeklebt. Das Gesicht
angemalt.

Ein leblos Geschöpf. In meinen Händen aber wurde es
lebendig. Es galt mir mehr als bloß ein Spielzeug. So lange, bis
die spielfreudige Lydi in mein Leben trat. Der Bujazzer endete
schließlich auf dem Dachboden unter dem Gerümpel.

Drinnen in der Wohnung lag ich in der Wiege. Einem alten
Familien-Erbstück, in dem durch zwei Generationen die
Weidinger-Kinder schliefen. So der Reihe nach. Der letzte
Insasse war mein Bruder Anton.

Im Holzschuppen fand ich sie wieder.

Wurmstichig, kam sie letztlich unters Brennholz.


Komödianten und Wanderbühne gehörten in der Nach-
kriegszeit der Ersten Republik zur Bereicherung des dörf-
lichen Lebens.

Die grenzenlose Welt, die einmal zu meiner großen Sehnsucht werden sollte, begann in meiner Kindheit auf dem
Dorfanger.

Mein Elternhaus hatte die Hausnummer 5 und lag dem
Dorfkern — von dem damals Impuls und Macht ausgingen
—, dem Riegersburger Schloß, gerade gegenüber.

Vor dem Schloßeingang stand und steht heute noch eine wuchtige »Dreifaltigkeitssäule« aus Sandstein, die gar keine Dreifaltigkeit ist, sondern in Wirklichkeit die Unbefleckte Empfängnis der allerseligsten Jungfrau Maria darstellt.

Dieser Dorfplatz war gleichzeitig Turnplatz für die Schulkinder. Gerne kletterten wir kleinen Knirpse die gut $4\,^1/_2$ Meter hohe Leiter hinauf und rutschten an den Holzstangen herunter. Ältere Buben brachten es zustande, da auch hinaufzukraxeln.

Beide Aktivitäten taten den Kleidern durchaus nicht gut. In unserer Sorglosigkeit bedachten wir das nicht. Nur die klare Sprache der Besengat'n in den Händen der Mütter daheim auf unseren Hintern vermochte es, uns halbwegs einzubremsen.

Dieser Nobelbezirk dörflicher Zentrallage war auch der Wirkungsbereich der Wanderbühne.

Jahr für Jahr kam, immer so um Lepoldi herum, die »Böhmische Bühne«. Mit zwei Hundegruppen, weißen Spitzen und schwarzen Pudeln.

Die Hunde konnten Reifenspringen und auf zwei Beinen gehen, so wie wir Menschen.

Auch ein Esel war mit von der Partie. Der verstand es sogar, Gedanken zu lesen und seine Antwort durch Hufschläge mitzuteilen. An ihn erinnere ich mich noch mit Schaudern.

Obwohl ich erst auf wackeligen Beinchen stand, neugierig und wissensdurstig war ich dennoch schon.

Da begleitete mich unsere Dirn, die Winkler-Toni, zu einer Aufführung.

Ich wollte der Eselsprache auf den Grund gehen, riß mich aus den schützenden Händen entschlossen los und eilte hin zu dem sprachkundigen Langohr.

Der ließ sich von so einem Dreikäsehoch doch nicht irremachen. »I . . . a . . . ii . . . a . . . a.«

War das ein Schreck für mich:

Kehrt euch und davon!

Der Esel aber war auch nicht blöd. Als Pfand behielt er meine Zipfelmütze zwischen seinen weißen Zähnen zurück.

Und die Lehre für mich kleinen Wicht?

Mit einem Esel . . . scherzt man nicht!

Die »Böhmische Bühne« kam schon in unser Dorf, als ich noch ganz klein war.

Sie und mein Leben haben ihre Bezugspunkte.

Die Frau mit der Schafpelzmütze und dem alten Dragonerrock über dem breitfaltigen Kittel, aus Brennesselfasern gewoben, flott huschte sie bei der Stalltür herein. Sie kam immer zur richtigen Zeit. Zur Zeit des Melkens.

»I tät wieder bitten um a bisserl was.«

Sie bekam ihr bisserl Milch.

Und ein paar Erdäpfel dazu.

Dankbar ging Frau Petrasch weg.

Eines Tages mußte sie meiner Mutter ihren Kummer geklagt haben. Sie hätte so ein liebes Hunderl, eine Kreuzung zwischen Spitz und Pudel, das sie aber nicht aufziehen könne, »weil es fürs Theater einfach gar nit zum brauch'n is.«

Gut wie meine Mutter war, kam Lydi ins Haus.

Spitz und Pudel mit ihren edlen Eigenschaften, alles in einem Hund vereint.

Langes, welliges, schneeweißes Haar. Der Schwanz leicht geringelt. Kurz und breit der Kopf mit schwarzen Hängeohren, die er gelegentlich aufstellte.

Er wuchs mit mir auf, behütete meine Kinderjahre.

Wurde zu meinem Hund.

Aufs Feld nahm man mich in einem Korbwagen auf Holzrädern mit, ohne Federung. Das unbewegliche Dach ließ den Regen zwar durch, die Sonne aber hielt es ab.

Auf einem Feldrain wurde ich zum Schlafen gelegt, in einen rauhen Roßkotzen eingewickelt. Der Hund saß neben mir und gab acht, ja hielt mir sogar die Fliegen, Ameisen und Käfer vom Leib.

Als ich laufen konnte, wurde er zu meinem beständigen Begleiter. Bellte, wenn Fremde sich näherten. Wir machten gemeinsam unsere Streifzüge als unzertrennliche Freunde.

Doch von Zeit zu Zeit, da war die Hündin verhindert. Sie bekam Besuch. Nach Wochen führte sie mich in die Scheune und zeigte mir, verborgen im Stroh, ihre Kinderstube.

Lydi, für mich das Symbol der Treue.

Die Zeit blieb nicht stehen.

Ich war zum Studenten geworden, mein Hund alt.

Da brannte mitten in der Nacht der vordere Teil des »Reißn-Hauses« ab.

Lydi meldete als erste das Feuer, kam aus ihrer Hütte, sprang die Haustür hoch, bellte und winselte.

Ich war gerade daheim.

Wir alle flohen aus unseren Betten.

Der Feuerschein drang bis ins Haus. Ein scharfer Rauchgeruch begleitete ihn.

Lydi lief quer über den Hof hin zum brennenden Haus, machte knapp davor halt, fiel um und war tot.

Treu gelebt, in Treue gestorben.


## Jetzt sind wir um einen mehr

23. Juni 1922, ein Freitag.

Vier Jahre war ich alt und ein halbes dazu.

Ich sah die Mutter einige Tage nicht.

»Ins Zimmal darfst d' nit eini«, wurde mir gesagt.

Unsere Dirn, die Toni, kochte, was sie sonst nie tat.

Und so ein anderes Weib, mit einer großen Tasche, kam ins Haus. Einmal in der Nacht, da wurde ich sogar wach, weil der Hund bei ihrem Besuch soviel bellte.

Am nächsten Tag machte die Mali-Tante kurzen Prozeß. Sie nahm mich einfach mit zu ihr. Da durfte ich auf einem

Diwan schlafen. Vorsichtshalber stellte sie einen alten Plüschsessel davor, damit ich nicht hinunterfiele.

Als ich nachts munter wurde, war es stockfinster. Ich überlegte nicht lange und kletterte über die Lehne. Unten angelangt, fuhr ich eigens mit dem Gesicht über den gepolsterten Sessel, der für mich etwas ganz Neues war.

Legte die Wange darauf. Das tat so wohl. Es fühlte sich an, als würde die Hand der Mutter liebevoll und zärtlich über meinen Kopf streicheln.

Der Sessel federte sogar. Darauf ließ es sich so schön auf und ab springen.

Die Mutter aber ging mir jetzt ab.

Mutig geisterte ich im Zimmer herum.

Schließlich kroch ich zu Onkel und Tante ins Bett und schlief ruhig weiter.

Am nächsten Tag wollte Onkels Pfeife nicht ziehen. Er warf Tabakbeutel, Pfeifenstierer und das Rohrpfeiferl einfach auf den Tisch und ging hinüber in die Werkstatt zu den Burschen. So stumm kannte ich ihn gar nicht.

Als die Luft rein war, schnappte ich das Rauchzeug. Versuchte den Spitz in den Mund zu bringen. Es gelang, und ich zog tüchtig an.

Hätte ich es nicht getan, der rote Kater unter dem Ofen in der Holzablage wäre in seinem Dösen nicht gestört worden. Da aber der Zug so geglückt war, hatte ich den Mund voll abscheulich bitterem Tabaksaft.

Ich spuckte und spuckte. Ließ alles auf den Boden fallen. Lief eiligst hinüber in die Werkstatt.

Pane Veselý kam mir schon entgegen. Immer so besorgt. Sein Karl daheim war behindert. Er mochte mich, er hatte ein so gutes Herz.

»Na Bibl, wo hapert's? Allisakra, soll nehmen man besoff'nen Dokta bei de Bind'l.«

Nichts verstand ich.

Dennoch behielt »Herr Fröhlich« recht. Leider.

Der Tag darauf machte alles anders.

Und das begann schon beim Aufstehen.

Eigentlich noch früher: Mein roter Kittel mit den weißen Tupfen war weg. Wie fortgetragen.

Die Tante zog mir etwas ganz Neues an.

Eine bräunliche »Schnellfeuerhose«. Hinten und vorne mit einem langen Schlitz, um für alle Fälle vorgesorgt zu haben. Rechts und links zwei Träger, die sich am Rücken überkreuzten, was mir gefiel.

Im Vordergrund meiner Glückseligkeit stand die Tatsache, daß mich die Tante »Heinarich« nannte. Das »Reserl«, ein Wunschtraum meiner Mutter, war nun endgültig weggeblasen. Beim vierten Buben gab sie sich geschlagen.

Mein Hosenglück währte jedoch nicht lange. Es dauerte kaum drei Stunden an.

Zur Jausenzeit mußte ich natürlich hinüber in die Töpferei, die Hose vorzeigen. Alle bewunderten mich.

Der Schillinger-Lois war gerade dabei, mit einer Steinwalze eine Lage feuchten Ton flach zu walken. Schob ihn mit einem Holzschieber auf einen Haufen zusammen. Ließ vom Spritzkrug warmes Wasser darüberbrausen. Warf die Holzschlapfen weg und fing an, fleißig »Tochat zu tret'n«, früher unerläßliche Vorarbeit guter Töpferware.

Als ich sah, wie dabei so ein seltsames Geringel zwischen seinen Zehen Reißaus nahm, sich aufbäumte, um jäh zusammenzufallen, die Füße ganz verdeckte, da erfaßte mich helle Begeisterung. Ich durfte einspringen. Stampfte und trat feucht-nassen Ton gefügig.

Währenddessen begann die Töpferscheibe zu surren.

Der Lois hatte schon vorher mit beiden Händen nach dem Ton gegriffen, eine Kugel daraus geformt, sie nochmals tüchtig angefeuchtet. Mit den Füßen die Töpferscheibe in Schwung getreten. Gleichzeitig brachten die beweglichen Finger im weichen rotierenden Ton die Form eines »Wasserplutzers« zustande.

Vom flachen Boden geht die Rundung aus. Wird immer bauchiger, um sich dann wieder zusammenzuziehen und oben letzten Endes in einem engen Hals mit Ausgußloch den Abschluß zu setzen.

Alle Burschen in der Werkstatt — neun an der Zahl — waren vollauf beschäftigt. »Morig'n is Brenntog.« Da mußte die getrocknete Ware von den Stellagen gehoben werden. Vorsichtig, vorsichtig.

Der Onkel äugte wie ein Habicht. Die Pfeife funktionierte schon wieder. Eine bläuliche Wolke hüllte ihn ein, verklärte ihn fast geisterhaft.

Da kommt der Scharko-Karl, der Lehrbub, daher. Gießt auf meine Tonerde lauwarmes Wasser. Das gefällt mir. Das Klitschige unter meinen Füßen wird noch gefügiger.

Und schon ist es geschehen.

Ich verliere das Gleichgewicht, falle hin, rutsche hinunter, gerade in die Wasserlache hinein, die sich am Fuße meines Feldherrenhügels angesammelt hatte.

Als tapferes Hosenmännchen durfte ich nicht weinen.

Ich nicht. Aber die Tante.

Als sie mich umzog, da war es offenbar geworden. Die »Frau Hose« zeigte ihr wahres Gesicht: Schnüre aus braunem Packpapier, maschinell zu dichten Fäden zusammengedreht und gewebt. Später bereicherte der Volksname dieses Produktes meinen Sprachschatz.

»Echte Spagathosn«, hieß es.

Jetzt eine kaputte Papierschnürl-Hose.

Zur Hochblüte der Inflationszeit, als die Wirtschaft am Zusammenbrechen war.

Wer konnte sich da etwas Besseres leisten?


Ich blieb einstweilen in den »Häusln«, beim Neustifter.

Fleißig trieb ich mich überall herum. Merkte nicht, daß Onkel und Tante sehr niedergeschlagen waren.

Die Tante molk ihre Ziegen, antwortete aber nicht mehr auf ihr Gemecker. Der Onkel ging ganz in seiner Arbeit auf.

Die Bienen spielten närrisch. Ein Schwarm nach dem andern nahm Reißaus. Das Einfangen war oft nicht leicht. Müde trank abends der Onkel seinen Ribiselwein, während ich Rhabarber-Stengel kaute.

Onkel und Tante lebten mit dem Schicksal meines Elternhauses mit.

Meiner Mutter ging es in den letzten Tagen ihrer Schwangerschaft sehr schlecht. Sie mußte viel liegen.

Obwohl die Hebamme ihr Bestes tat, in der Stunde der Niederkunft schaffte sie es nicht. Man brauchte dringend den Arzt.

Gut hatte es vor einem Jahr begonnen, als Doktor Knauer aus Wien seine Ordination aufmachte. Unterdessen war der »Sonderling« zum Trinker geworden. Zu meiner Mutter gerufen, befand er sich in einem erbärmlichen Zustand. Die Zangengeburt mißlang: Mein Brüderlein wurde am Hinterkopf verletzt. Die Mutter verlor viel Blut. Nur die Liebe zu ihrer Familie und der unermüdliche Einsatz der Hebamme konnten ihr das Leben retten.

Die Mali-Tante hob später auch mein Brüderlein Anton aus der Taufe. Die Großeltern aus Prutzendorf, der Heimat der Mutter, waren ebenfalls gekommen.

Die Mutter selbst lag noch immer drüben im Zimmerl und nicht herüben in der Stube.

Anton hatte das Gesicht stets zugedeckt.

Einmal schlich ich mich verstohlen hin.

Die Mutter schlief. Da zog ich das Tüchlein weg.

Was sah ich? Ein spitzes, kleines Gesichtlein. Auffallend rot und voll dunkler Flecken, die aufgeschwollenen, entzündeten Augenlider geschlossen.

Rasch ließ ich das Tüchlein wieder fallen.

Der Anton tat mir leid.

Da drehte sich die Mutter im Bette um. Tränen bahnten sich

den Weg über die eingefallenen, blassen Wangen, steuerten dem Kinn zu und verschwanden.

Da kroch ich in das Bett zu ihr. Und küßte sie.

## Des kleinen Leut' mutig Beginnen

Ansonsten stand es hinter der Bodentür, das alte Spinnrad. Schwer nur konnte ich die Türschnalle ergreifen.

Flach, braun und hoch drängte sich die Bodentür zwischen mich und die Welt, die dahinter lag. Die Welt der Geheimnisse dort oben auf dem Dachboden.

Doch an den kalten Winterabenden, da ließ die Mutter das Spinnrad singen. Draußen in der Kammer, die nach gedämpften Erdäpfeln roch, hatte der Vater die Wolle gekämmt.

»Oarme Lamperl«, sagte ich mitleidsvoll, wenn die »Määh . . . mek« nach der Schur so nackt dalagen, dann aufsprangen und davonliefen, nachdem sie »Wolle gelassen«.

Auf dem ausgetretenen Holzfußboden saß ich, viel schweigsamer als sonst. Was es da alles zu schauen gab!

So ein Fludern Wolle nahm Form an. Wurde zum Faden. Lief durch der Mutter Hand. Ich schaute, horchte, und das Spinnrad sang weiter seine eigene Melodie.

Ein andermal war es ganz still. Die Mutter strickte.

Birkenreiser lag in einem Bündel am Boden.

Der Vater schabte Gerte um Gerte am dicken Ende ab. Flocht eine nach der andern kunstgerecht zusammen zum »Widlbesen«, wie die Birkenreiserbesen genannt wurden.

Machte sich das Wollknäuel selbständig, wurde die »alte Minka«, die gerne vor dem Ofentürl lag, sich den Bauch wärmte und wohlig schnurrte, lebendig.

Flink spielte sie mit dem dahinrollenden Knäuel.

Freute sich und richtete Verwirrung an.

Bis die Mutter entschieden dazwischenfuhr.

Ich hatte so meine Häuser, wo ich gerne hinging.

Auf Nummer 15, zum Malek. Der Hansl war so alt wie ich. Oft spielten wir miteinander.

Da, eines Tages kam ich mit einem Schrecken heim.

Das »rote Blut« wollte mir nicht aus dem Kopfe gehen.

Ich hatte keine Ahnung von einer Notschlachtung.

Komme in den Hof, vom Schuppen her lief das Blut über die glitzernden Schottersteinchen. Bildete eine Lache. Glotzte mich wie ein Einäugiger an.

Auf dem Boden lag eine Kuh. Die wurde aufgezogen, zerstückelt. Das Blut rann weiter. Dieser Eindruck blieb mir lange Zeit. Das rote »Blutauge«.

Unlängst sah ich noch die weiße Kuh im Stall. Mütterlich leckte sie ihr Frischgeborenes, das auf schwachen Beinen in seine Welt wackelte.


Unterwegs nach Abenteuern.

Ich fand auf dem Dachboden einen alten Tisch.

Ein Stück fehlte. Eine Rundung war ausgeschnitten.

Niemand wollte mir Auskunft geben.

Bis mein Bruder Rudolf das Geheimnis lüftete.

Meine Großmutter väterlicherseits mußte sehr dick gewesen sein. Sie ist auch an Herzverfettung gestorben. Und damit sie am Tisch leichter arbeiten konnte, hat der Großvater eine Rundung aus der Platte geschnitten.

Häufig stand ich dann vor dem Bild an der Stubenwand, auf dem mein Vater, sein Bruder Josef und deren Eltern zu sehen waren. Stellte mir vor, ob der Bauch vom Foto überhaupt dort hineinpaßte.

Der Enzfelder Michl in der Schaffinger Straße war ihr Bruder. Als er starb, mußte ich beim Begräbnis mitgehen. Ich wollte gar nicht. Eigenartig kam es mir vor, daß die Leute alle weinten, nur ich nicht. Da stieß mich die alte Kafesy an. »Muißt ah platz'n«, sagte sie. »Weg'n wos denn? Da Michl hot ma jo nix tau'.«

Aber es sollte noch ärger kommen.

Kaum war der Michl begraben, nahm mich die Mutter mit zur alten Enzfelderin. Jeden Abend mußte ich hingehen, in ihrer Stub'n schlafen, weil sie sich fürchtete.

Mich machte das stolz.

»Ih füarcht mih eh nit«, sagte ich zur Mutter.

Kaum war ich ins Bett gehuscht, in dem früher der alte Michl lag, da verkroch ich mich »va lauta Schneid«.

Doch eines Tages, da hatte ich die Enzfelderin satt.

Schickt mich die Mutter zum Buresch, eine »Ripp'n Schok'lad« kaufen. Ich hatte so etwas noch nie zu Gesicht bekommen. Das sollte ich der Enzfelderin hintragen. »Weil's 'n Durchfoll hot.«

Als der Buresch das braune Zeug herunterbricht und ins Papier wickelt, muß ich schnuppern. Wie ich dann so den Teichdamm langsam von den »Häusln« ins »Dorf« gehe, wußte ich auch, wie Schokolade schmeckt.

Leider blieb von der Ripp'n für die alte Enzfelderin nicht mehr viel übrig.

Den Rest verschweige ich lieber.

Die Mutter war gerecht.


Immer stand es auf meinem Platz am Stubentisch, dieses Wasserhäferl.

Dunkelblau-violett Henkel und Rand, ansonsten das Email grau meliert. »In Heinarich se g'scheckart's Hafal.« So hieß es einfach allgemein.

»Na!« Rudolf mußte natürlich seine zynischen Bemerkungen wieder anbringen. »In Gifthäfal se Trinkhafal.«

Bei solchen Bemerkungen, wie immer dann, wenn ich geärgert oder herausgefordert wurde, nahm ich das Trinkgefäß beim Henkel, hob es mit der Rechten drohend wurfbereit über den Kopf.

Die Mutter mußte dann beschwichtigend eingreifen.

»Au'grührta Plutza.« So Rudolf als Schlußpunkt. Oder als Auftakt? Er war ja der »Große«.

Nur der Anton blieb ruhig. Er konnte bis zum sechsten Lebensjahr kein Wort sagen.

Eines Tages war es wieder soweit. Mein Bruder im Angriff. Ich faßte nach dem Häferl zur Abwehrstellung. Und »aah . . . a. a. ahhh«.

Pudelnaß saß ich da. In meinem Zorn das Gefäß in die Höhe gerissen, das Rudolf im geheimen schon mit kaltem Wasser angefüllt hatte.

Nun saß die kalte Dusche im Genick, fand von dort ihren weiteren Weg.

Und der Giftschübel ward geheilt.

Zum Teil wenigstens.

Denn . . . ein kleiner Zornbinkel . . .

. . . blieb er auch weiterhin.


### Das Leid bleibt nicht draußen steh'n

Matt und still lag mein Brüderchen da.

Gab keinen Laut von sich.

»Da oarmi Wuarm«, so die Mutter, »hot de Froas'n«. Krämpfe und Gliederzucken. »Und in Viazga hot a ah.«

Was der »Vierziger« ist, wußte ich nicht. Aber wie mein Brüderlein aussah, das ich ja im Grunde meines Herzens über alles liebte, das schon.

Krusten bedeckten seinen kleinen zarten Leib. Die Mutter goß Leinöl über breite Wattestreifen und legte sie ihm auf die Haut. Stunden später nahm sie diese Auflagen wieder herunter. Das Herz tat mir weh. »Muatta, 'n Anton zahst jo d'Haut owa.« Tiefes Mitleid erfaßte mich.

Dann wurde er gebadet und wieder eingewickelt.

Ich beobachtete das Hantieren und Sich-Sorge-Machen

der Mutter. Lernte die Not der anderen kennen und frühzeitig für die Leidenden beten.

Das Leid blieb auch bei uns nicht draußen steh'n.

Die Mutter allein schaffte es nicht mehr. Kein Wunder.

So kam eine Kindsdirn ins Haus. Die Pflege des leidenden, behinderten Kindes versah die Mutter selbst.

Die fünfzehnjährige Kathl fuhr fest mit dem Büb'l im Kinderwagen aus. Mich ließ sie nie mitkommen.

Auch liefen ihr die größeren Buben des Ortes nach.

Waren die nicht da und die eigenen Hausleut' auf dem Feld, dann war ich gut genug zum Spielen.

Am Samstag abend ging sie heim und kam Montag in der Früh wieder zurück.

Sie war noch nicht lange bei uns gewesen, da erzählte ich der Mutter und fragte sie, warum die Kathl immer so eigenartige Spiele mit mir treibe.

Im Handumdrehen war die Kindsdirn weggeschickt.

Nun mußte ich den Kinderwagen ausfahren.

Ich tat es gerne. Auch wenn mich die Buben deshalb auslachten und als »Kindsdirn-Plutzer« verspotteten.

Mit Roßkastanien-Früchten spielte ich »Pferdchen und Bauer«. Führte in meiner Kinderphantasie Heu und Korn ein. Ackerte die Felder um. Fuhr im Winter mit dem Schlitten aus. Ließ die Pferdeschellen froh läuten.

Unten im Meierhof, im »Kaiblgort'n«, von einer Mauer umfriedet, prangte eine Allee prächtiger Kastanienbäume. Im Herbst fielen die reifen Früchte zu Boden. Durch den Aufprall zerbrachen die igelig-stacheligen Außenschalen. Braun glänzend lagen die Kastanien da.

Im Auslauf tummelten sich die Kälber. Wurden sie vom Meier eingetrieben, dann war Zeit zum »Käst'n-Sommeln«. Rasch öffnete ich das »Saugatta« nebenan. Schob den Kinderwagen hinein. Überzeugte mich, daß Anton schlief. Husch, und schon war ich drüber der Mauer. Suchte die schönen großen Früchte. Die braunen waren die Wallachen, die mit einem hellen Fleck auf der Unterseite die Stuten.

Fand aber bis jetzt nichts Geeignetes. Was sehen meine Augen? Ein richtig kleines Pferdchen. Ein Füllen.

»Da . . . aa . . . a!« rief ich aus. Weiter kam ich nicht. Von hinten packte eine kräftige Männerhand zu. Mitzählen gelang mir nicht. Sicher waren es mehr als ein halbes Dutzend »Tätsch'n«, die ich sitzen hatte.

»Da schau, die Bauernbub'n fangen ah schon zum Krabs'n an.« Der Gutspächter Max Kligl, aus dem Böhmischen zugewandert, war der einzige Lutheraner in unserem Ort. Lange trug ich diesen »Eindruck« mit mir.

Von der Feldarbeit heimgekehrt, ging die Mutter den Kinderwagen suchen. In arger Dämmerung. Sie fand ihn.

Über mein »Kastanien-Klauben« breitete sich der Schleier meines Schweigens aus.

Nur Rudolf konnte es nicht lassen.

»Heinarich, brauchst kani Käst'n?«

Ich wünschte mir keine Kastanien mehr.

Mein Bruder Anton machte Fortschritte.

Schwer stotternd brachte er doch einige Wörter heraus, so daß er sogar die Schule besuchen konnte. Er war sehr lernbegierig, hatte eine phänomenale Beobachtungsgabe und ein außergewöhnliches Gedächtnis.

Unterdessen war das »Kiahhoid'n« zu meiner täglichen Nachschulbeschäftigung geworden.

Ich »trieb aus«, und Anton »trieb mit«.

Auf der Fellinger Höhe weideten wir mit den »Rindviechern« gerade ein Brachfeld vor dem Umackern ab.

Da weinte Anton ganz jämmerlich.

Auf meine Frage, was ihm denn fehle — wir hatten uns doch immer sehr gemocht —, meinte er recht umständlich, wie arm er eigentlich sei.

Wir sind drei Brüder.

Der Rudolf tätscht den Heinarich ab.

Der Heinarich flickt dem Anton eine runter.

Und er, der Anton, hätte niemanden, dem er auch eine herunterhauen könnte.

Kindliche Phantasie. Oder?

## In die Schule ging ich gern

Die Zuckerkrankheit muß etwas Furchtbares sein.

Sie stahl mir meinen ersten Lehrer Schubert.

Ich war acht gewesen. Zur Fastenzeit nahm mich die Mutter mit in die Pfarrkirche. Ein Jesuitenpater, alt, dürr und lang, hielt die »Beicht-Predigt«. Die Mutter saß auf der »Weiberseit'n« unter dem großen hölzernen Kruzifix. Ich stand schön brav da auf dem Steinpflaster am Gang. Hatte eine »Hochwasserhose« an, die bis zu den halben Wadeln ging.

»Bürscherl«, sagte der »fremde Pfarrer« auf einmal nach der Predigt zu mir, »wenn'st den Leuten einmal helfen willst, dann fang gleich damit an. Lern' das Schwerste, was 's zu lernen gilt.« — Da spitzte ich meine Ohren.

»Bub, stell dich jeden Morgen vor den Spiegel und lächle dreimal!« — Seit 65 Jahren tue ich das.

»Orma Pforra, bei dia klopft a scho da Specht im Holz.« Lange hielt ich Gewissenserforschung, bis ich dann endlich schuldbewußt zur Selbstanklage bei meiner Erstbeichte fand. Denn gedacht hab' ich mir: »Oida Pforra, host an sauban Becka.«

Am Weißen Sonntag, dem Sonntag nach Ostern, durfte ich zur Erstkommunion gehen. Streng nahm ich es mit meiner Beichte. Noch strenger mit dem Nüchternsein. Freiwillig strich ich auch das Abendessen. Frühstück gab es ohnehin keines.

Später bekamen wir Viktor Schneider als Oberlehrer nach Riegersburg an die Volksschule.

Mein Vater war Schulobmann, nach den damaligen Gesetzen eine Art Aufsichtsperson für schulische Angelegenheiten der Gemeinde.

Wenn in der Klasse niemand etwas wußte, hätte ich es wenigstens wissen müssen.

Wurde kein anderer bei den »Süßen«, den flaumigen Härchen im Genick, gerissen, dann mußte ich geduldig und brav hinhalten. Mir noch obendrein »blödes Schaf« anhören.

Beim Gesangunterricht sang ich zu laut und zu falsch. Deswegen hinunter mit ihm zur Frau Schneider, ihren Garten in Ordnung halten.

Meinem »Rachedurst« verdanke ich es, daß ich frühzeitig das Veredeln lernte, das Pfropfen und Äugeln.

Oben in der Klasse erklang das Lied »Am Brunnen vor dem Tore«. Unten im Garten veredelte ich im geheimen die verschiedensten Apfel- und Kirschbäume an ihren Ästen. Das Edelreis wußte ich schon rechtzeitig zu besorgen und daheim im Keller in Sand zu lagern.

Jahre später trugen die Bäume fünf bis sieben verschiedene Sorten. Alt geworden, hieß es immer noch »Weidinger-Pfarra-Wunderbam'ln«. Die russische Besatzung machte ihnen den Garaus.

Andere durften nach dem Unterricht heimgehen. Mit mir wurde der dritte und der vierte Fall in einer Sonderlektion durchexerziert.

»Ein Kalb wie der Weidinger will auf die Bürgerschule geh'n und weiß nicht, daß man >mir< immer dann sagt, wenn man >mich< nicht sagen darf.«

Dankbar werde ich meinem Lehrer, trotz allem Zynismus, für seine Hilfe immer sein.

Eines aber konnte ich ihm lange nicht verzeihen, obwohl er eigentlich daran nicht schuld ist: Die Vollglatze des Lehrers begeisterte mich. Nie hatten in meinem früheren Leben meine Augen mehr Kahlköpfigkeit geschaut.

Kindlich betete ich, und das nicht nur einmal: »Herrgott, laß auch mir über Nacht eine Glatze wachsen, so schön und glänzend wie die des Viktor Schneider.«

Der Herr blieb »schwerhörig«. Bis heute.

Dienstag, 19. Juni 1928.

In der Pfarrkirche Zissersdorf bei Geras ist Firmung.

Auch ich darf gefirmt werden.

Onkel Neustifter ist mein Pate, Bruder Rudolf kutschiert. Der Diözesanbischof Michael Memelauer spendet mir das Sakrament. »Sei besiegelt durch die Gabe Gottes, den Heiligen Geist.«

Gestärkt sein. Für Christus Zeugnis ablegen. In Glaube und Liebe wachsen. Das alles wurde mir zur innersten Verpflichtung. Ein Leben lang.

Durch persönliches Gebet — bei dem mir die Mutter half — und den Empfang des Bußsakramentes, wollte ich mich würdig vorbereiten.

Die silberne Doppelmanteluhr mit schwerer Kette und einem kleinen Kompaßanhänger als Firmgeschenk sollte für mich kein leeres Zeichen sein.

Das mit dem Sämann ging mir nicht aus dem Kopf.

Ich mußte mich während der Predigt umsehen, ob nicht freche Spatzen geflogen kamen, die Körner aufzupicken. So anschaulich stellte der kleine Pfarrer auf der Kanzel mit flinken Gesten das Sonntagsevangelium dar.

Harter Weg. Struppige Dornen.

Nein, das nicht.

Hingegen fruchtbarer Boden wollte ich sein.

Mein Bruder Rudolf, er 23 und ich 12 Jahre alt, meldete mich nach der Messe in der Bürgerschule Frain an der Thaya in Südmähren an.

Nach bestandener Aufnahmeprüfung kam ich gleich in die zweite Klasse. Marschierte im darauffolgenden Herbst Tag für Tag los.

Der Klassenvorstand Dr. August Schwabensky übergab mir den Schulgarten zur Pflege. Brachte mir das »Pflanzen-Bestimmen« bei. Ein Wissen, das mir viel Freude und gesunde Betätigung schenkte.

Alles verlief gut in meinem Schülerleben.

Bis das mit dem Hirsch kam, der mit dem heiligen Hubertus unter einer Decke zu stecken schien.

Denn justament bei seiner Linde, tief drinnen im Frainer Wald, wo mein Schulweg vorbeiführte und das Bild des Heiligen mit der Armbrust herabgrüßte, dort mußte eine Quelle entspringen, die ein Bächlein speiste.

Hier hatte ich an jenem Herbstmorgen ein Erlebnis, das mir fast zum Verhängnis geworden wäre.

Steht da ein Sechzehnender. Um ihn herum zwei Dutzend Kühe und Kälber. Der Hirsch wittert mich, fängt an zu schnauben. Scharrt, daß Moos, Nadeln und Grasschoppen verdächtig im Bogen hochfliegen. Schon suche ich Schutz und Deckung hinter einer stämmigen Föhre.

»Eurr . . . chch . . . Rööörr . . . ön.«

Das Hirschrudel versteht die Warnung. Setzt sich in Bewegung. Verläßt das Bachufer. Bricht aus, über die Böschung hinauf, vom lockeren Bestand des Hochwaldes dem dichten Jungwald zu, Richtung Thayafluß.

»Euuuccch . . . Euch . . . cchh«.

Auch er ist weg.

Und wer hinten nach? Mit seinem Schulsack auf dem Rücken, durch dick und dünn?

Der Bruch im Geäste verrät die Richtung.

Die Spur auf dem Boden weist den Weg.

»Ja Weidinger«, staunt Dr. Schwabensky, »du unpünktlich, und das gleich um zwei Stunden?«

»Herr Doktor, bi . . . bibibi . . . tte nicht ich, der Hirsch.«

Mehr brachte ich nicht heraus zu meiner Entschuldigung. Die ganze Klasse lachte hellauf.

Von dieser Stunde an blieb mir der Spitzname »Hirsch«.

»Bei dem Sauweda jagt ma koan Hund aussi«, sagte meine Mutter und meinte, ich sollte liegenbleiben. Ich sprang aber dennoch aus dem Bett.

»Schul' is Schul', und wonn da Himmi owafollt.«

Die Mutter kannte mich. Sie weckte den Vater auf. Der spannte die »Lutz«, die schwarze Stute, ins Sonntagswagerl ein. Wir fuhren los. Nicht ohne daß ein paar gut angewärmte Ziegelsteine in Säcke gehüllt als »Wärmeflasche« mitgegeben worden wären.

Der Wind pfiff mir um die Nase, trug einige Schneefetzen her, um mir gleich darauf wieder einen Spritzer Wasser ins Gesicht zu spucken.

Die Schwarze zog an.

Im Grenzwachterhäusl war keine Seele zu sehen.

Nach stundenlanger Fahrt, obwohl das Pferd eifrig dahintrabte, kamen wir in Frain an.

Der Klassenvorstand erwartete mich im geheizten Schulzimmer. Von der alten Frau Walcher, die dort wohnte, hatte er mir Kleider beschafft. In die durfte ich schlüpfen. Unterdessen trockneten die meinen in Ofennähe.

Dann schrieb er ins Klassenbuch meine und seine Anwesenheit ein. Denn von der ganzen Schule war bei dem »Dreckwetter« kein Mensch außer uns beiden gekommen.

Der Vater führte mich wieder heim.

Ich war glücklich. Hatte meine Pflicht getan.

Lernen galt mir viel.

## IV  DES HERREN KNECHT

### *Wenn der Most im Gären ist*

Eisgrub, ein melancholisches Augebiet.

Die Perle Südmährens heute.

Einst eine weg- und steglose Wasserwildnis aus Sümpfen, Tümpeln, verschilften Teichen und kleinen Seen.

Träge fließt die Thaya dahin. Nach jedem Regenguß überschwemmte sie meilenweit das Land.

Fürst Johann Josef I. von Liechtenstein ließ diese Gegend in eine riesige Parklandschaft verwandeln. Dort entstand die berühmte, in der österreichisch-ungarischen Monarchie einzige »Höhere Obst- und Gartenbauschule«.

30.000 Pflanzengattungen, darunter die seltensten Orchideen der Erde, konnten im riesigen Glashaus bewundert werden. Franz Grillparzer hat es in einem Gedicht gewürdigt.

> Regen läßt auf Glas sich hören,
> Scharfer Wind fällt schneidend ein;
> Ein Gewächshaus war mein Heim,
> Und mein Indien liegt in Mähren.

Mein Klassenvorstand Dr. August Schwabensky wollte aus mir um jeden Preis einen Gartenbau-Architekten machen. Ich wehrte mich aber entschieden dagegen.

Verwunderlich, da die Erde doch mein Element ist, dem ich ein Leben lang treu blieb.

Ja, wenn der Most im Gären ist, dann dauert es noch eine geraume Weile bis zum klaren Wein.

Steinbock-Menschen sind die »stille Reserve«, die im

entscheidenden Augenblick nie vor Unglück und Not der Mitmenschen fliehen. Für sie ist der Beruf Sendung.

Und darum ging es jetzt.

Die Berufung?

Einstweilen tiefverborgene Sehnsucht.

Deshalb: Hellhörig wollt' ich bleiben.

Und ließ Eisgrub Eisgrub sein.


Mein Vater und ich, wir fanden schließlich doch den Weg zu den Schulbrüdern in Strebersdorf.

Lehrer wollte ich werden.

Dicke Luft drückte die Gemüter nieder. Die Vorhalle war gesteckt voll mit jungen Bürscherln. Endlich wurde Heinrich Weidinger aufgerufen zur Ablegung der Aufnahmeprüfung in das Lehrerbildungsseminar.

»Lustig ist das Zigeunerleben . . .«

Gar so lustig aber auch wieder nicht. Zumindest nicht für mich. Den Haken hatte es schon beim »Geigenstimmen«.

Aber wozu hat der Mensch schließlich einen Schutzengel? Die erste Strophe, von mir begleitet, genügte bereits.

Ich war über diesen Erfolg aufs höchste erstaunt.

In Deutsch gab es überhaupt keine Schwierigkeiten. Auch in allen anderen Fächern nicht. Ich hatte ja nur zwei Schwachstellen: Gesang und Tschechische Sprache.

Stichwort »Tschechisch«.

In wenigen Wochen kam der Entscheid: »Prüfung in die Lehrerbildungs-Anstalt bestanden. Aufnahme aber nicht möglich, weil der Bewerber kein österreichisches Schulabgangszeugnis vorweisen kann.«

»Wieda a Göld daspoart«, sagte daraufhin der Vater zufrieden. — Er hatte recht. Monatlich 120 Schilling Pensionspreis wären im Jahr zwei gute Milchkühe gewesen. Und im Stall standen nur sechs Stück.

»Mocht nix. Ollas hot im Leb'n an Sinn«, dachte ich.

Tief drinnen im Herzen saß eine stille Hoffnung, die ich noch nicht auszusprechen wagte.

Riegersburg — Horn, 30 Kilometer Schotterstraße.
Radfahren war immer schon meine Freude.
Am Dachboden fand ich ein Rad der ersten Generation. Großes Rad vorn, kleines hinten, der Fahrer hoch oben. So haben die »Söhne meines Großvaters« dem aufkommenden Radsport gehuldigt.

Im Haus gab es noch einen »Ewigtreter«. Ohne Freilauf. Dabei hieß es »haxl'n, haxl'n, haxl'n«. Damit erlernte ich das Fahren. Bin häufig im Straßengraben gelandet, habe gute Freundschaft mit den Brennesseln geschlossen. Das Rad hielt die Stürze aus. Meine Knie nur zum Teil. Macht nichts, auch das dient zur Abhärtung.

Jetzt fuhr ich mit einem »modernen« Zeugl dahin, mit Freilauf und Rücktrittbremse. Mein Bruder borgte es mir.

Den Mödringer Graben ging's hinunter. In Horn fand ich die Villa von Herrn Studienrat Lenz.

Freundlich klärte er mich auf, wie ich in die Aufbauschule eintreten könne. Wenige Wochen später saß ich im alten Piaristenkloster in der 1. Klasse der Aufbauschule. Untergebracht war ich im Konvikt für ganze 30 Schilling monatlich.

Zu meinen Konviktskollegen zählten Rudolf Kirchschläger, Karl Rauscher, Josef Mrnka und Johann Mittl.

»Weidinger, gehst hinüber in das Professorenzimmer, verlangst den Religionsprofessor Huf und gibst ihm das Buch«, sagte in der Pause auf dem Gang ein »älteres Semester«, das ich nicht kannte.

»Va den Ölteren muißt learnen«, hat mir meine Mutter daheim aufgetragen. Also gehorchte ich.

Der Raum war voll Lehrpersonen. Einige hörten mich. Der Schuldiener warf mich als »Frechdachs« hinaus.

Das ganze Mysterium verlor bald seinen Zauber:
»Der Piaristenpater Rapp hat Schuhgröße 58«, meinte

irgendwo jemand, »weil er Zockeln hat wie ein Pferdehuf.«
Jetzt kam auch ich hinter den Spitznamen.

Er trug es mir nie nach.

In Religion war ich einer der Besten. Es ging mir überhaupt im ersten Jahr nicht schlecht.

In der Stille kommt die Einsicht.

Johann Mittl, ein gebürtiger Burgenländer, war bei den Benediktinern in Altenburg unter dem Klosternamen Lambert eingetreten. Eifrig wie er war, wurde auf seine Anregung hin ein Exerzitientrakt im Kloster eingerichtet.

Zu Allerheiligen und Allerseelen, an drei schulfreien Tagen, marschierte ich zwei Jahre hintereinander mit einer Gruppe von Horn aus nach Altenburg. Ein Jesuitenpater leitete diese geistigen Übungen, angepaßt an junge Menschen. Im Stillschweigen die Seele baden. Gott in allen Dingen finden. Und Christus als den Weg betrachten.

Der Entschluß war gefaßt. Priester will ich werden.

Der Exerzitienpater gab sein »Ja«.

Ein Brief von mir ging nach Langau.

Die »Agnes-Basl« war überglücklich.

Agnes Weidinger, die Schwester meines Großvaters, alleinstehend, eine gute Kräuterkennerin, hat mit ihrem Wissen vielen Menschen geholfen. Ihren Lebenszweck sah sie im Beten und Opfern für Priester. Als ihr sehnlichster Wunsch galt es, daß aus ihrer Verwandtschaft einer dieses hohe Ziel erreichen möge.

Die Freude war so groß, daß sie — obwohl durchaus nicht krank — bald darauf im hohen Alter starb.

»Jetzt kann ich in Frieden scheiden«, schrieb sie mir.

Auch heute noch verspür' ich ihre Hilfe von oben her.

Im Studium kam ich im ersten Jahr gut über die Runden. Dann wurde mir Griechisch zur harten Nuß. In jeder freien Stunde saß ich im Konvikt und büffelte.

Professor Marhold erteilte jetzt den Religionsunterricht. Er führte auch die Marianische Studenten-Kongregation.

8. Dezember 1933, feierliche Hingabe an Maria. So wuchs die Marienliebe immer mehr in meinem Herzen.

Josef Mrnka war aus dem Sudetenland und viel älter als ich. Später schloß er sich den Zisterziensern in Lilienfeld an. Tief religiös, mit apostolischer Seele, betreute er den »Asketischen Studentenkreis« unter der geistigen Assistenz von Prof. Marhold. Wir kamen wöchentlich einmal zusammen. Beteten den Rosenkranz, saßen im Kreis, führten Gespräche, die nach innen gingen. Als Grundlage diente uns die Bibel.

Eine einzige Bibelstelle maßgeblich für das ganze Leben? Nie hätte ich das gedacht.

Doch bei mir war es so.

»Die Ernte ist groß, aber es gibt nur wenig Arbeiter. Bittet also den Herrn der Ernte, Arbeiter für seine Ernte auszusenden.« (Mt 9, 37—38)

Eine unerklärliche Unruhe erfaßte mich.

Ich sah die Weite der Welt.

In den Weinberg des Herrn muß ich. Als Missionar.


*Menschen färben ab und formen*

Heute ist er achtzig Jahre alt, der Salesianerpater Friedrich Bauernfeind.

Kurz nach seiner Priesterweihe habe ich ihn kennengelernt. Er unterrichtete Deutsch.

Sein Stil, seine Lebhaftigkeit, sein Kontakt mit uns Mariensöhnen färbte ab, formte, eiferte zur Nachfolge an.

Er war für mich ein Spiegelbild Don Boscos.

Mein junger Lehrer verstand es, zu ermutigen und aufzurichten. Freude und Sonnenschein zu spenden.

Die Qualitäten dieses Priesterlehrers wurden aber durch

eine noch eminentere in den Schatten gestellt. Von seinem kraftvollen Humor.

Sitzt er eines Tages in der Eisenbahn der Pottendorfer Strecke Richtung Wien.

Die Stimmung im Steinfeld, um Ebreichsdorf herum, war damals mehr deutschnational als kirchenfreundlich.

Der junge Priester betet sein Brevier.

Ihm gegenüber sitzt eine junge Dame. Über ihrem Kopf, im Gepäcknetz, liegt ihr Koffer.

Sie beobachtet aufmerksam den Priester. Dann sagt sie mit einem feinen, nasalen Stimmchen: »Herr Pfarrer, Sie mit Ihren Händen, breit und groß wie ein Abortdeckel, haben sicher dafür auch einen Waffenpaß in Ihrem Koffer.«

Stichwort Koffer.

Der Priester betet ruhig weiter, in voller Fassung. Macht das Kreuzzeichen, als hätte kaum jemand etwas zu ihm und über ihn gesagt. Steht auf, hebt einen Koffer herunter. Stellt ihn auf die Sitzbank. Und öffnet ihn.

»Se Pfaff, hör'n S', wos follt Eahna denn ein. Des Zeugl do g'hört da Dame, da hibsch'n«, meldet sich einer, allem Anschein nach ein Vertreter, der in Sachen Spezialweine reist. Seine ausdrucksvolle Nasenkonstruktion läßt hier keinen Zweifel zu.

Jetzt begreift auch die »Koffer-Dame«, daß es um ihr Eigentum geht, und fängt an zu zetern.

Pater Bauernfeind kann die Um-Welt nicht im geringsten erschüttern. Er macht den Koffer zu und legt ihn seelenruhig wieder hinauf an seinen Platz.

»Entschuldigen die Herrschaften«, sagte er, »ih hab bloß nach dem Hirn der Dame im Koffer g'suacht.« Lachte und fügte hinzu: »War ja nur ein Spaß, die Sache mit dem Hirn im Koffer. G'fundn hab ih eh nix.«

Der Zug hielt am Endziel.

Alles drängte nach vorne und stieg aus.

Priester wollte ich werden.

Zu einer religiösen Gemeinschaft gehören.

Mich vom Geist erfüllen lassen, der dort herrscht.

»Weidinger, ih woaß da wos«, riet mir in Horn ein Most-viertler Mitstudent, der die Salesianer Don Boscos von Amstetten her kannte. »Geh nach UW. U = Unter, W = Waltersdorf. Bei Ebreichsdorf, im Bezirk Mödling gelegen.« Ich zögerte nicht lange. Schrieb einen Brief, in dem ich zunächst vorsichtig um Auskunft bat.

War überrascht, als ich zwei Tage später die Antwort in Händen hielt. Direktor Nikolaus Strässer lud mich ein: »Jederzeit willkommen.«

Ich fuhr hin und war »gefangen«.

Den rechten Weg hatte ich gefunden.

Mehr noch wußte ich jetzt: Man muß geistesgegenwärtig sein, wenn man vor eine Entscheidung gestellt wird. Der Geist Gottes schenkt echte Geistes-Gegenwart.

Ich lernte den heiligen Johannes Bosco kennen, den Freund der Jugend. Sein Geist »be-geisterte« mich.

Ein von höchster Warte aus anerkanntes Programm blieb nicht bloß auf dem Papier. Und das schätzte ich am Missions-haus Maria Hilf zu Unterwaltersdorf sehr hoch.

Ein Schulklima frei von Angst, von Überforderung und repressiven Methoden. — Ermutigen, aber nie öffentlich tadeln. — Stets in Liebe und Achtung entgegenkommen.

Man wurde nicht gezwungen, unbedingt Fußball zu spie-len. Man konnte sich auch einer Arbeitsgruppe zuordnen lassen, was ich sehr häufig tat. So sammelte ich viel Erfahrung für das praktische Leben.

Bruder Peter, ein Laienbruder. Fleißig, demütig und liebenswürdig. Wir alle mochten ihn.

»Saupeter« nannten ihn einige wenige. Solche, die gerne gut aßen und eines nur wußten: daß man die Milch nicht aus dem Fischafluß nebenan fischte.

Wurde ich Bruder Peter als Helfer zugeteilt, dann schätzte ich mich glücklich. Schön gepflegt standen die Kühe da. Prachtschecken waren es. Wir daheim hatten durchwegs nur Waldviertler Blondvieh. Das war genügsamer, erbrachte aber keine so hohe Milchleistung.

Häcksel schneiden. Futter mischen. Stall ausmisten. Beim Kälbern helfen. Auf Krankheitssymptome des Viehs achten. Dazu kam noch der Schweinestall, aus dem wöchentlich ein Mastschwein geschlachtet wurde.

Das alles verstand Bruder Peter.

Bruder Ferdinand betreute die Hühner.

Ihn inmitten der Gefiederschar zu sehen, machte Freude. Gerne ging ich zu ihm und half ihm ein wenig.

Saßen die Bruthühner im Nest auf ihren Eiern, so holte Bruder Ferdinand sie hervor und hielt eines nach dem anderen vor eine elektrische Lampe. War ein dunkler Fleck zu sehen, dann war er zufrieden und schob das Ei sofort wieder der Henne unter. Fehlte aber dieses »zentrale Leben«, wie er es nannte, wurde es als unbefruchtet weggegeben.

Die Taubenschläge ließ er mich mit Anis-Tee abwaschen, damit die Tauben daheimblieben, nicht »fremdgingen«.

Für die kleinen Küken durfte ich frische Brennesseltriebe sammeln, sie klein schneiden, mit Teilchen von Enteneiern vermischen. Dann sollten die Küken rascher wachsen und nicht so anfällig sein für Krankheiten.

»Auf die Jungen muß man schauen. Denn aus Hühnerkindern werden einmal Legehühner.«

Bruder Georg, der Gärtner, lehrte mich das Staunen.

Daß auf diesen »Geröllhalden« etwas wachsen könne, meinte ich. »Auf die Humusschicht kommt es an«, entgegnete mein Gartenmeister.

Ja, der fruchtbare Boden ist es, der den Erfolg bestimmt. Und das nicht nur im Garten.

Das Studienheim »Maria Hilf« in Unterwaltersdorf,
wie es heute dasteht.

Guter Boden wird nicht von allein. Er braucht Pflege. Und so mußten wir auf Anweisung des Bruders beim Ernten alles Unbrauchbare abschneiden, zerkleinern und auf einem Haufen lagern. Denn was der Boden gibt, soll er zurückhaben. Ausbeuten trägt nichts auf Dauer.

Mir sagte diese Taktik zu. So lernte ich Kompostieren.

Holzmachen gehen ins Leithagebirge. Wer meldet sich? Als Waldviertler war mir die Holzarbeit nicht fremd.

Tage zuvor wurden die Sägen gefeilt, deren Zähne geschrägt. Die Schleifsteine drehten sich, daß einem davon schwindlig werden konnte. Und wenn der harte Stahl der Äxte darüberzischte, dann gab es eine »gute Schneid«, und die braucht ein Holzknecht.

In der Schusterei nähten wir uns Lederschlaufen zusammen. Stülpten sie über die Breitseite der Hacken, um die Schärfe nicht einzubüßen.

Zu Fuß wanderten wir nach Loretto im Burgenland. Feierten in diesem Wallfahrtsort Gottesdienst. Und von dort ging's in den Wald. Am Nachmittag kam das Pferdefuhrwerk, lud auf, führte heim.

Wir marschierten nach. Sangen, daß im Wald die Dachse erwachten, in den Dörfern die Fenster klirrten.

Immer mehr zum »Werkstudenten« wurde ich. Zum »Lebens-Lehrling«. Durfte neben Griechisch, Latein, Mathematik auch noch anderes lernen.

So bin ich ins Leben hineingewachsen.

Pater Nikolaus Strässer, 1873 im Saarland geboren.

Er begann als 25jähriger selbständiger Jungbauer das Studium. Mit dem ihm eigenen »eisernen Willen« und »unbezwingbaren Optimismus« wagte er den Weg nach Penango in Italien. 1908 zum Priester geweiht, wurde er zu einer Säule des aufstrebenden deutschen Don-Bosco-Werkes. Seit 1924 war er Direktor in »UW«.

Vier Klassenkameraden aus Unterwaltersdorf:
Von links: Hubert Hönigl, späterer Bahnvorstand von
Mürzzuschlag; Heinrich Weidinger, Alfred Faist und
Peter Klingler aus Kirchberg in Tirol, im Krieg gefallen.

Herrlich, dieses Rotkleefeld vor unseren Fenstern. Wer wird Erster im Mähen mit der Sense?

Dreißig Mann hoch, die Hemdärmeln aufgekrempelt, den Strohhut auf dem Kopf. Pater Strässer im schwarzen langen Priestertalar. Los ging's. Sense wetzen. In die Finger schneiden. Und die ersten schieden aus.

Nur fünf erreichten des Feldes Ende. Als erster der Herr Direktor. In beachtlichem Abstand die anderen vier. Auch ich war darunter.

Pater Strässer, der die Errichtung des Spätberufenen-Werkes in »UW« aufblühen ließ, mußte als alter Mann dessen Vernichtung durch den NS-Kulturkampf erleben. Schar um Schar seiner Schüler verließ das Haus. Sie zogen mit seinem Segen in den Krieg. Mancher kehrte nie wieder, liegt irgendwo auf den weiten Schlachtfeldern des Zweiten Weltkrieges.

Es waren meine Kameraden.

Nur wenige erlangten das Priestertum. 1953 traf ich Pater Strässer in der Don-Bosco-Pfarre in Linz wieder. Zwei Laienbrüder trugen ihn. Von der Polyarthritis gezeichnet, segnete er mich ein letztes Mal.

Ein Priester, der mich formte.


Wie vom Himmel herabgeholte Sterne, so funkelten die Augen. Eine magische Kraft strahlten sie aus. Und dazu der riesige Vollbart.

Dastand er wie ein Prophet, der das Volk Gottes zum sicheren Ziel geleitet. Wahrlich ein Knecht des Herren, das war er für mich, dieser Missionsbischof aus China, Ignazio Canazei, gebürtig aus Südtirol. Auf kurzem Heimaturlaub, hat er in »UW« vorbeigeschaut.

Die Luft war schwanger vom Führermythos.

Jetzt hatte ich »meinen Führer« gefunden.

»China, China, China. Gute volle Weizenähren beugen sich bis zur Erde nieder. Knechte, Knechte, Knechte — Herr, gib sie uns. Damit sie die vollreife Ernte einbringen, bevor sie zertrampelt wird von der wilden Horde roter Wasserbüffel. Wer sofort gibt, gibt doppelt. Wer aber zuwartet und zaudert, wird zum Verräter.«

So donnert seine Stimme durch des Hauses Hallen.

Seit diesem Tag fand ich keine Ruhe mehr.

Nur Pater Augustin Trummer, meinem Beichtvater, vertraute ich dieses Geheimnis an. Er war übervorsichtig, legte mich so richtig »auf die Tenne unter den Dreschflegel«. Viel verlangte er von mir. Hart war die Seelen- und Geist-Prüfung.

Treue im Kleinen. Gewissenhaftes Studium. Über die Regungen des Körpers wachen. Reinheit in Gedanken und Wünschen, die das Herz bis ins letzte Winkerl erfaßt.

In der Zwischenzeit durfte ich träumen. Galoppierte auf halbwilden Mustangs durch die Wüste Gobi. Ruderte die Dschunke den trägen Gelben Fluß hinauf. Mußte mich gegen Tiger im Bambusdschungel wehren.

Schön war dieses phantastische Gedankenweben.


### Abschied von daheim

5. Mai 1938.

»Vota, moring fohr' ih noch China in d' Mission.«

»Bui, du muißt wiss'n, wos d' wülst.«

Zwiegespräch zwischen Vater und Sohn.

Tage zuvor hatte ich mich bei den Verwandten vom Missionshaus Unterwaltersdorf aus brieflich verabschiedet.

Es sollte für immer sein. In China, meiner neuen Heimat, wollte ich auch einmal sterben.

Jesus wird mit mir sein, wie ein starker Kämpfer.

»Der Herr ist meine Leuchte und mein Heil; wen sollte ich fürchten?« (Ps 27, 1)

Nur 24 Stunden dauerte der Besuch im Elternhaus.

Vater und Mutter sollte ich dabei das letzte Mal gesehen haben. In diesem Leben.

Bereits am Nachmittag ging ein junger Bauernbursch mit seinem Vater über die eigenen Felder. Der Vater war leidend. Er stützte sich auf einen Stock. Der Bursch hielt ein Leinensäckchen in der Hand.

Während beide, Vater und Sohn, der eine 58, der andere 20, über ihre Felder und Wiesen schritten, blieben sie da und dort einen Augenblick stehen.

Der Vater lockerte mit seinem Stock die Erde auf.

Der Sohn bückte sich, griff nach einer Handvoll Erde und gab sie in das Säckchen.

Der Vater sprach von seiner Liebe zum Bauerntum.

Der Bursch hörte zu und schwieg.

So waren sie über alle Rieden gegangen. Über die Grabenwiesen, die Hartwiesen, die Spielfeldäcker, die Stockäcker, über den Großen Acker und das Petreinerfeld. Von hier aus sah man weit hinein in das deutsche Südmähren.

Unterdessen war auch das Säckchen voll geworden.

Voll mit Heimaterde.

Mein Vater und ich, wir wußten wohl, was wir taten.

Ein Stück Heimaterde wurde mir zum Vermächtnis.

Mein Leben hat daraus eine Herzenssache gemacht.

Die fruchtet und befruchtet.

Mich.

Und dank meiner dienenden Aufgabe auch andere.

Viele andere.

Erde ist Leben.


Die letzte Nacht im Elternhaus.

Ich kniete vor dem Bett und ging in mich, drinnen in der »Guit'n Stub'n«.

Die Eltern und der jüngere Bruder Anton schliefen hinten in der »Bauanstub'n«. Von dort ging nur ein kleines Fensterl hinaus in den Hof.

Rudolf, mein älterer Bruder, der schon 32 Jahre alt war,

hatte im »Vorhaus« sein Bett und seinen Kasten. Er war an diesem Abend noch nicht daheim.

Die Fenster meines Schlafzimmers wiesen zum Dorfanger. Die großen Linden im Schloßpark begannen zu grünen. Nicht wenig habe ich in ihrem Schatten gespielt. Wie ein schützendes Dach waren sie mir.

Sosehr ich die »Linden des Fürsten« auch mochte, dieses »Mögen-Wollen« wurde mir jetzt gründlich vergällt.

Hackenkreuzfahnen wehten rechts und links vom Schloßtor. Im Geäste der Linden verfangen, war ihre Aussage dennoch unmißverständlich.

»Österreich erwache!«

Und nun war es erwacht. In einer neuen Uniform. Als Ostmark.

Die Fahnen des Umbruchs hingen von fast allen Häusern herab. Von unserem nicht.

Dem Malek hatte die »neue Herrenrasse« das Bürgermeisteramt aus der Hand gerissen. Alle Laden hat man ihm ausgeräumt und das »Amtszeug« zum neuen Ortsleiter gebracht, dem Stockinger-Hans. Aus meinem Elternhaus trieb man den »Gemeindestier« weg.

Es war zur Tradition geworden, daß durch Jahre das männliche Zuchttier in unserem Stall stand.

Viele Kleinhäusler, die nur zwei Kühe ihr Eigen nannten, waren meinem Bruder Rudolf sehr dankbar. Er führte bereits die Wirtschaft, verzichtete zu ihren Gunsten nicht selten auf die Deckgebühr in Form von Hafer. Als Beifütterungshilfe hätte er darauf ein Anrecht gehabt.

»Heil Hitler!« Dabei wurden die Hacken zusammengeschlagen, und die Bürschchen versuchten kerzengerade zu stehen. »Wir holen den Stier ab. Der muß von jetzt an von einem treuen Parteigenossen und nicht von einem Reaktionär — einem schwarzen Schwein — gehalten werden. Heil Hitler!« Und der semmelfarbene Stier echten Waldviertler Blondviehschlages brüllte sein »Mu . . . muh«.

Ein Soldat Hitlers? Oder ein Streiter Christi?
Ich?
Die Ernte ist groß im Weinberg des Herrn.
Einer von den Arbeitern darin will ich sein.
In voller Hingabe.

»Hätt' ich das gewußt, Mutter«, sagte ich.
Dann schwiegen wir beide.
Lange saß sie auf der Kante meines Bettes.
Auch der ältere Bruder war unterdessen heimgekommen.
Er schnarchte mit ganzer Kraft.
Eine innige Umarmung und dann war auch die Mutter
wieder schlafen gegangen.
Der Mond wollte in wenigen Tagen sein ganzes Gesicht
zeigen, kroch jetzt hinterm herrschaftlichen Schloß zuver-
sichtlich herauf. Unten im Schloßteich eröffneten die ersten
Frösche ihr Quak-Konzert. Ich stand am Fenster, mußte
meine Gedanken ordnen. Zu neu, zu wirklich und zu über-
raschend war das alles, was mir die Mutter erzählte. Zurückversetzt fühlte ich mich.

Eine alte Kracherlflasche.
Mit Bügelverschluß und dem damals typischen Porzel-
lanpfropfen. Angefüllt mit hausgemachtem Holundertee.
Eine zusammengelegte, doppelte »Brotmugl« in Halb-
laiblänge, innen mit Schweineschmalz bestrichen, war vor
acht Jahren an Schultagen mein Mittagessen gewesen.
Die Bürgerschule lag am Fuß des Schloßberges. Da hinauf
stapfte ich Tag für Tag. In der Mittagspause.
Die Natur liebte ich. Bewegung schadete mir nicht.
Das Frainer Schloß. Verführerisch wirkt der Anblick der
faszinierenden Silhouette über dem Flußtal der Thaya. Auf
einer steil abfallenden Felsnase der Ahnensaal, errichtet von
keinem Geringeren als Johann Bernhard Fischer von Erlach.
In siebenjähriger Bauzeit 1695 vollendet.

Hob ich den Kopf, dann sah ich es, das Traumschloß, über dem dunklen Waldtal.

An der Einfahrt hinunter ins Feliziental — dort wo der Fußweg durch den Frainer Wald über die Grenze nach Felling führt — stand ein alter Roßkastanienbaum neben einer steinernen Sitzbank.

Das war mein Speisesaal unter freiem Himmel. Saß dort, aß gemütlich, machte mir wenig Gedanken.

Ende Mai des Jahres 1917 rasteten hier zwei Leut', Mann und Frau, die gerade aus der Ordination des Frainer Arztes kamen und auf dem Heimweg waren.

Für sie eindeutig: Die Frau war schwanger.

Bei ihrer letzten Geburt, vor neun Jahren, hatte sie sich einen internen Riß zugezogen — das Kind starb wenige Wochen später. Darunter litt sie noch immer.

Ganz energisch sagte der Arzt den beiden Eheleuten, der Mutter zugewandt: »Sie können auf keinen Fall das Kind austragen. Tun Sie es trotzdem, dann kann ich nur einen tragischen Ausgang prognostizieren.« Obwohl nie Latein studiert, verstanden beide doch, daß es schiefgehen müßte. Der Arzt ging hinaus, kam bald darauf mit einem Fläschchen zurück, das er der Frau überreichte.

»Nehmen Sie davon jeden Tag morgens nüchtern 1 Eßlöffel voll unverdünnt ein. Trinken Sie eine halbe Stunde nichts nach. Und wenn das Fläschchen leer ist, dann kommen Sie. Sehr bald. Wir dürfen keine Zeit verlieren.«

Auf dem borkigen Stamm des Kastanienbaumes hing damals ein überdachtes Marienbild.

Die beiden Leute gingen niedergedrückt und schweigend den Schloßberg herauf.

Der Mann litt an Herzasthma. Fing an zu keuchen.

Die Frau war auch nicht gerade übermütig.

Da lud das stille Plätzchen unterm Baum, der noch in Blüte stand, wie der Engel Raphael zur Rast ein. Beider Blick fiel auf das Bild der Schmerzhaften Muttergottes. Dann Stille.

Sie umarmten einander. Jetzt sprachen die Herzen. Achtung vor dem keimenden Leben streifte jede Ängstlichkeit ab. Vertrauen und Zuversicht zog in ihre bis vor Augenblicken noch gemarterten Herzen ein. Grenzenlose, kindlich bestimmende Zuversicht.

»Ave Maria … voll der Gnade, der Herr ist mit dir … Unter deinen Schutz und Schirm fliehen wir, heilige Gottesgebärerin. Verschmähe nicht unser Gebet in unseren Nöten …«

Unwillkürlich erhoben sich beide gleichzeitg.

Die Frau, 34 Jahre alt, griff in ihre tiefe Faltenkitteltasche, holte das Fläschchen heraus, das nach Medizin roch. Der Mann kam ihr bewußt mit seiner Hand auf halbem Weg entgegen.

Ein Klirren. Splitterndes Glas auf hartem Fels zerriß klagend die Stille.

»Muatta«, sagte der Mann, und die buschigen Augenbrauen hoben sich, »miar hom a Vatraun auf'n Hearrgott.«

»Vota«, antwortete die Frau, »und dear valoßt uns nit. Hot uns no nia valoß'n, und desmoi scho gor nit.«

»Desmoi scho gor nit«, wiederholte er überzeugt.

Mitte Jänner nächsten Jahres kam ein Bub zur Welt.

Hineingeboren in die Not des Krieges.

Zäh und voller Lebenswillen.

Die beiden Leut' waren meine Eltern.

Und der Bub, der leben durfte …?

Mutter, warum hast du mir das so lange verschwiegen?

Danke. Es war gut so.

Und mein Leben bekam in diesem Augenblick eine gezielte Richtung, von der ich bis heute nicht abwich.

Die Nacht war unruhig.

Frühmorgens schon kniete ich an der Schwelle der Bauernstube und zugleich an der Schwelle zum Leben.

Die Mutter, ein abgerackertes Bauernweib, segnete ihren Sohn. Mit einem Kreuzzeichen auf die Stirne.

Still weinte sie. Schluchzend rang sie nach den Worten: »Heinarich, bleib brav.«

Hinter ihr stand der Vater, ganz ernst geworden.

Mit seiner schweren Hand war er es gewohnt, den Pflug zu halten, den die zwei Pferde über den Acker zogen, und die Sense fest und sicher zu führen.

Dann glitt auch der rauhe Daumen seiner Rechten über die Stirn des Knienden.

»Mit dem Hute in der Hand, kommt man durch das ganze Land.«

Das war alles, was er mir zum Abschied zu sagen hatte.

Mein Bruder Rudolf brachte mich mit dem Pferdewagen zum Bahnhof Pleißing-Waschbach.

Nach kurzem Aufenthalt in Wien bei Pepi-Onkel und Resi-Tante, die mir bei einigen wichtigen Besorgungen halfen, gelangte ich mit der Bahn über den Brenner.

Nach dreimonatigem Sprachstudium in Penango, der Provinz Piemonte in Italien, fuhr ich mit dem Schiff »Conte Biancomano« — Graf Weißhand — nach China.

## V  In harter Bewährung

*Wer das erlebt, vergißt es nie*

Wie eine Vision glitt alles vorbei.

»Diese armen Buben tun mir leid«, sagte Don Bosco. »Wäre es möglich, würde ich ihnen mein Herz geben.«

An einem Abend kehrte er mit einem Dutzend von ihnen nach Hause zurück. In einem Gasthof waren sie einander begegnet. Sie hatten kein Heim.

Er betete mit ihnen das Abendgebet und begleitete sie auf den Dachboden. Jedem gab er Decke und Leintuch.

»Macht keinen Lärm!« ermahnte er sie gütig.

Und dann: »Gute Nacht!«

Am andern Morgen wollte Don Bosco seine jungen Gäste fragen, ob sie gut geschlafen hätten.

Leise stieg er die Leiter hinauf. Hörte keinen Laut. Das war auch nicht verwunderlich.

Die »Vögel« waren mit Leintuch und Decke ausgeflogen.

So geschehen vor 90 Jahren. An dem Ort, wo wir beide, zwei Mariensöhne aus Unterwaltersdorf, jetzt standen. Hier in Turin, in der »Don-Bosco-Stadt Valdocco«, der Wiege aller Werke der Salesianer.

Mein Kamerad Alfred Faist, geboren am 8. November 1916 in Graz. Nach abgeschlossener Zahntechnikerlehre studierte er als Spätberufener. Später wirkte er sehr segensreich in Formosa, das heute Taiwan heißt. Dort verstarb er, 67 Jahre alt, 1983 in einem Krankenhaus, nachdem er wenige Tage zuvor, am Feste von Mariens Aufnahme in den Himmel, nach dem heiligen Meßopfer zusammengebrochen war.

Jetzt waren wir beide zusammengeschmiedet. Auf dem gleichen Weg: nach China.

Schwarzer Anzug, weißes Hemd mit dunkler Krawatte. Und eine Hitze, die in Italien Feigen reifen läßt.

Der deutsche Priester, der uns begleitete, hatte Mitleid. Und so saßen wir, nach einer längeren Bahnfahrt durch das Piemonte, bald in einer schattigen Osteria und tranken kühlen »Traubensaft«.

War der prickelnd und belebend!

Wenige hundert Meter — Endstation, im Studentato Italiano di Penango. Beide wollten wir Italienisch studieren.

Schwankend und mehr gezogen als von unserem Begleiter geführt, kamen wir dort an.


Griselda hieß sie.

Niemand wußte von diesem Namen außer mir.

Weil ich sie so nannte, die Schildkröte im Garten von Penango.

Dort unten lernte ich meine Italienisch-Vokabeln.

Sie hörte mir scheinbar zerstreut zu und knabberte mit ganzer Hingabe an den frischen Salatblättern. Genau unter dem Feigenbaum, von dem ich so gerne kostete und dabei meine Sprachschwierigkeiten vergaß und noch so manches, was mir »im Magen liegen blieb«.

Ganz zu schweigen von der italienischen Kost. Viel Minestrone, eine dicke Gemüsesuppe, und als »Scherz« ein paar Fleischfasern, die wie Matrosen in Seenot darin herumruderten. Dazu ein kugelrundes, steinhartes Weißbrotweckerl.

»Hartes Brot ist gesund und treibt nicht Wind«, hatte mir der italienische Direktor gesagt. Aber mich waren sie dabei zu vertreiben. Post factum. Nach dem Vorfall:

Die 200 Seminaristen des Hauses machten das Hartbrot auf ihre Methode eßbar, indem sie es einfach auf den Sessel legten und sich mit dem Allerwertesten darauf fallen ließen.

Das gab das reinste Trommelkonzert. Allein beim Anblick dieser Prozedur verging mir schon der Appetit.

Ich war entschlossen zu gehen.

Wagte noch einen letzten Versuch, mich zu sättigen.

Legte mein Weckerl auf den Tisch, ballte die Hand zur Faust, hob sie und schlug mit aller Wucht auf das Brot.

Die Fensterscheibe des Speiseraumes ist dabei nicht heil geblieben. Gerade dorthin hatte sich meine Mahlzeit geflüchtet. Der Anprall wirkte wie ein »Dum-Dum-Geschoß«.

Soviel »Fremdländisches« war mir zuviel. Ich beschloß, nach Österreich zurückzukehren. Am nächsten Morgen hatte ich alle meine Sachen gepackt und wollte mich heimlich auf den Weg nach Hause machen, doch nicht ohne Gottes Segen.

Noch einmal ging ich in die Kapelle. Saß in der linken Bankreihe, ungefähr in der Mitte des Raumes.

Mein Blick fiel auf den Tabernakel.

Unbeweglich, still, fest im Glauben an die eucharistische Gegenwart Gottes verharrte ich. Für mich stand es jedenfalls fest, auf dem Weg nach China umzukehren. Und zwar gleich hier in Penango.

»Ich bin da. Wie ich auch in Felling da bin, in deiner Heimatkirche. — Ich war auch in Unterwaltersdorf bei dir, wo du studiert hast. — Ich werde genauso in China sein, wo du hingehen wirst. — Dort warte ich auf dich. Auch in den kleinsten und armseligsten Missionskapellen.«

Die Stimme aus dem Tabernakel drang nicht in den Raum wie eines Menschen Wort.

»Überall auf deinem Lebensweg werde ich sein. — Überall dort, wo ein Priester Eucharistie feiert, die heiligen Spezies im Tabernakel erneuert.«

Dann schloß ich die Augen. Wie lange, weiß ich nicht.

Wer das erlebt, vergißt es nie mehr.

Die Hausglocke läutete. Die italienischen Studenten kamen zum Gebet in die Kapelle. Ich betete und sang mit.

## Im Zeichen des Kreuzes

Zwei Monate später war die Antwort eines Briefes da. Hin und zurück an das deutsche Generalkonsulat in Rom. An den »Führer« und vom »Führer«.

»Wir brauchen deutsche Mannen. Auch im Fernen Osten brauchen wir sie.«

Missionar wollte ich werden. Mich Gott anvertrauen.

»Seid gewiß: Ich bin bei euch alle Tage bis zum Ende der Welt.« (Mt 28, 20)

Die Mariahilf-Basilika in Turin. Mit leerer Tasche, aber grenzenlosem Gottvertrauen von Don Bosco erbaut. Dort überreichte mir der Generalobere Pietro Ricaldone das Missionskreuz. — »Ich bin bereit. Senden Sie mich!«

Im Zeichen des Kreuzes durfte ich hinausziehen.

Am 27. Juli schiffte ich mich in Genua ein. Wollte in diesem Augenblick alles zurücklassen.

Eine Klassenkameradin aus Frain hatte mir nach Penango geschrieben, ich möge doch die Träumereien aufgeben und daheim etwas »Anständiges studieren«. Ihre Eltern hatten mir in den Wintermonaten während meiner Bürgerschulzeit ein Zimmerl zur Verfügung gestellt. Ich brachte dafür immer ein paar Eier von zu Hause mit — als Mietgeld.

Im Hafen von Genua. Schiff an Schiff lag hier vor Anker. Wie eine Mauer mit Tor zur weiten Welt.

Da. Ich erinnere mich an diesen Brief. Keinen unnützen Ballast will ich mitschleppen.

Über meine Finger rollen kleinfutzelig Papierteilchen. Eine sanfte Brise bemächtigt sich ihrer, läßt sie Stück für Stück ins Meer fallen und treibt sie hinaus.

Ich gehe an Bord des Ozeandampfers »Conte Biancomano«. Er bringt mich nach China, nach Hongkong, britische Kronkolonie. Ein neuer Lebensabschnitt beginnt.

Es ist der 13. August 1938, als ich dort ankomme.

## China, meine große Liebe

Die Sieben Weltwunder.

Was sind sie schon, diese berühmten Bau- und Kunstwerke des Altertums.

Weder die Pyramiden Ägyptens noch die Hängenden Gärten der Semiramis in Babylonien können sich mit den hohen Werten chinesischer Literatur vergleichen.

Ich liebe meine Ahnen. Sie aber gingen lange noch mit Pfeil und Bogen in unseren Wäldern auf die Jagd, als die Weisen aus dem Reiche der Mitte bereits ihre literarischen Werke verfaßten, die für Jahrtausende geschaffen sind.

Ich lernte sie lesen.

Will man dem edlen Volk im Osten die Botschaft des Evangeliums bringen, muß man einer von ihnen werden. So wie Paulus »Grieche mit den Griechen« ward.

Die Seele des Chinesen kann nur richtig verstehen, wer versucht hat, den Zugang zur chinesischen Philosophie und zur chinesischen Literatur zu finden.

Du mußt die Sprache dieses Volkes sprechen, um seinen Gedankengängen folgen zu können. Nur so kannst du den Menschen »Chinese« hinführen zu Gott.

Das Erlernen der Sprache in Wort und Schrift gehörte von nun an zu meiner täglichen Arbeit.

Gleichzeitig aber mußte die Wandlung in mir im tiefsten Innern beginnen. Das geschah im Noviziat in der »Dunklen Bucht«, in Sao kei-wan.

Meister des Lebens gesellten sich zu mir.

Führten mich.

Gaben mir Form.


Bischof Versiglia war der Pionier des salesianischen Missionswerkes in China. Am 24. Februar 1930 starb er als Märtyrer. Ich spürte seine Kraft und seine Hilfe.

Gleichzeitig aber mußte die geistige Umwandlung
in mir im tiefsten Innern beginnen.
Das geschah im Noviziat in der Dunklen Bucht, in Sao kei-wan.

Er setzte am 13. Februar 1906, nach einer 26tägigen Reise, seinen Fuß auf chinesischen Boden.

In Neapel schon erwartete ihn eine große Überraschung. Eine Grußbotschaft wurde ihm vom Heiligen Vater Pius X. mit dessen Bild, eigenhändigen Zeilen und seinem Segen überreicht.

In Macao — der damaligen portugiesischen Kolonie — hatte er, vom Lokalbischof beauftragt, das Waisenhaus, »Orfanato«, übernommen. Segensreich war die Arbeit.

Aber nur kurz währte die Ruhe.

Am 5. Oktober 1910 wurde König Emmanuel II. von Portugal durch Ausrufung der Republik entthront. Die religiösen Orden sollten aufgelöst werden. Macao blieb nicht verschont. Schon am 29. November um Mitternacht mußten die Missionare die Stadt verlassen.

Don Luigi Versiglia fand in Hongkong Zuflucht. Vorübergehend zur Untätigkeit gezwungen, hielt er sich gerne in einem damals unwirtlichen Teil der Felseninsel auf und »säte Ave Maria«.

Dort baute später ein reicher Chinese ein Haus.

Eines Nachts geschah es. Draußen herrschte Windstille. Die Fenster begannen zu klirren. Ein eigenartiges Sausen und Gepolter drinnen im Kamin, als würden Gegenstände ins Grundlose fallen. Kurz darauf schien ein Erdbeben das ganze Haus von Grund auf zu erschüttern. Feuerzungen flammten auf. Hals über Kopf zog Wu Pa-teng, der Eigentümer, aus. Von einem »Geisterhaus« wollte er nichts mehr wissen. Das Haus war billig zu erwerben.

Die Salesianer kauften es.

An diesem Ort machte ich das Noviziat. Fand ich meine erste Ausbildungsstätte als Ordensneuling. Hab' ich als Anfänger einen chinesischen Pinsel in der Hand gehalten und auch chinesische Wörter nach ihrer Tonhöhe sprechen und auslegen gelernt.

Nie zuvor erlebte ich den »Großen Wind«, den Taifun. Wo

die Kamine »zu sprechen begannen«, die Kanäle »Feuer spien«, weil der Wind einfach überall eindrang, durch jedes Loch pfiff, abgelagerte, im Dunkel der Nacht phosphoreszierende Fischreste wie wandelndes Geisterlicht in pechschwarzer Unklarheit gespenstisch durch die Gegend trieb. Nun begriff ich auch das »Geisterschauen«. Unter Schaudern zuerst, einem milden Schmunzeln dann.

Die erste Nacht in Hongkong war eine schlaflose.

Von meinem Fenster aus sah ich die dahingleitenden Lichter der Dampfer, die durch die Meeresenge den Hafen passierten. Hörte die schrillen Töne ihrer Sirenen.

Meine Pritsche mit ihrer Bambusmatte und dem Moskitonetz fing an zu schaukeln — so hatte ich zumindest den Eindruck — und zurückversetzt fühlte ich mich in den Indischen Ozean, den ich vor einer Woche durchquert hatte.

Zwischen Bombay und Manila, in den frühen Morgenstunden des 5. August, gebärdete sich die See bei meiner Herfahrt so wild, daß kaum ein Magen der vielen Passagiere nicht seinen Zoll hätte abliefern müssen.

Auf diesen Tag fällt das Fest »Maria Schnee«.

In jenen Stunden bat ich die Gottesmutter, sie möge mir doch die Gnade der Reinheit des Herzens gewähren. Damit der Quellort meiner Gedanken und Erwägungen, der Ursprung meiner seelischen Kräfte und Fähigkeiten, in vollkommener Übereinstimmung mit Gott stehen.

Denn »alle Herrlichkeit kommt von innen«.

Das Säckchen Ackererde von meinem Elternhof?

Ich streute es im Garten unseres Missionshauses aus. Einige Krumen Heimaterde auf gelbbraunem Lößboden. Dort, wo schon viele Missionare in die Kelter des großen Winzermeisters geschüttet wurden, damit Ungeduld und

Trägheit im Klärungsprozeß ausgeschieden, abgebaut und reiner Wein der Hingabe daraus werde.

Ein Stück Heimat in der Fremde.

Verbundenheit mit der Wirklichkeit des Lebens.

## *Da lacht einer in der Hölle*

Zwei Jahre lang hielt ich mich in Hongkong, Sao kei-wan, auf und beendete dort das Noviziat.

Nach Ablegen der Ordensgelübde, am 29. Oktober 1939, übersiedelte ich in das am gleichen Grundstück gelegene Studentat. In diesem großen Gebäudekomplex, der damals noch nicht fertig war, studierten 50 junge Ordensleute Philosophie, chinesische Literatur, Theologie und Sprachen. Ein Kunterbunt Angehöriger aus mehr als einem Dutzend Nationen, geführt von einem erfahrenen Professorenteam.

Reich an Anekdoten ist meine Erstlingszeit.

Eines Tages waren sechs chinesische Arbeiter dabei, im Missionsgelände einen armdicken Pagodenbaum zu versetzen.

»Wuh . . . wuh . . . wuh!« schrien sie und plagten sich vergebens ab. Es gelang nicht.

Ich betreute gerade den Sportplatz. Da wurde mir diese »ewige Herumwerkelei« zu dumm. Ich ging hin, lud mir das Ganze auf den Rücken, trug es zur neuen Pflanzgrube und stellte es dort vorsichtig ab.

Die sechs Gestalten waren verschwunden. Hinter der Hausecke schauten sie verstohlen hervor. »Mo kwai . . . mo kwai«, »Teufel, Teufel«, hörte man sie ausrufen. Überzeugt, daß dies nicht mit rechten Dingen zugehen konnte.

Herrlich sind Gladiolen in den Gärten.

Unaussprechlich schön aber frei und wild in der Natur. Sie wuchsen am Rande unseres Grundstückes. Weithin leuchtete

Im Noviziat in Sao kei-wan, Hongkong, 1938/39.
Wir waren insgesamt 14. — Zwei Österreicher, fünf Chinesen,
sieben Italiener. — In der Mitte der ersten Reihe der Direktor,
Don Vincenzo Ricaldone, links mein großer Lehrer Don Luigi
Massimino, rechts ein Laienbruder, Giuseppe Medaglia,
mein Musiklehrer.

ihr Karminrot. Bis in jene Ecke, wo die schweren langen Wasserleitungsrohre ihrer Verwendung harrten.

»Li porti al di là«, sagte der Lehrer Lappin, ein Irländer, der die Aufsicht über uns hatte. »Dort hintragen«, meinte er und gab mir ein Richtungszeichen.

»Si, si signore«, so meine Antwort.

Ich schwitzte wie ein Rikscha-Kuli. Bemühte mich, alle 50 Rohre über die Feuerleiter auf das flache Dach des Stockhauses zu transportieren, wo sich unser großes Regenwasser-Sammelbecken befand.

Regenwasser — eine absolute Lebensnotwendigkeit. Abgekocht, wurde es im Teeaufguß zum täglichen Getränk. Brunnen gab es auf diesem dem Meer vorgelagerten Felshügel nicht.

Wie war ich überrascht, als mir mein Vorgesetzter nach seiner Rückkehr mit wütenden Gesten klarmachte, ich hätte die Rohre nur wenige Meter über den Graben schleifen und dort deponieren sollen.

Bei unseren Ausflügen rund um die Insel kamen wir häufig an Gräbern vorbei. An Stellen angelegt, »wo die Winde vom Meer die Seelen der Toten trugen«.

Wir hatten strengstes Verbot, ungekochtes Wasser zu trinken, weil Verseuchungsgefahr bestand. Deshalb gab es in dieser tropischen Hitze auch nur heißen Tee als Getränk.

Eines Tages wurde mein Mitbruder Alfred Faist während der Wanderung vom Durst gepeinigt, konnte sich nicht halten und trank aus einer sprudelnden Quelle, die ihr Naß lustig über Steine plätschern ließ.

Und dann? »Typhus« lautete die Diagnose.

Angelo Buggea, mein Kollege, ein Italiener aus Favara. Für ihn begann die Kultur erst südlich von Trient. Klein von Statur, sehr schmächtig, aber flink und beweglich, nahm er mich meiner Ruhe und Gelassenheit wegen gerne als Zielscheibe. Er nannte mich »Il Barbaro«, den Halbwilden von der anderen Seite des Brenners.

Die eigene Muttersprache »vergessen«, sich in der Verschiedenheit als Einheit fühlen — die Sprachschwierigkeiten miteingerechnet —, das alles ist sicher keine Kleinigkeit.

Angelo Buggea, den großen Entbehrungen des überstandenen Krieges nicht gewachsen, starb 1948 an einem Lungenleiden. Geduldig trug er sein Kreuz, nahm gottergeben den Tod an. Wirkt jetzt wohl vom Himmel aus.

Mit Bruno Gelosa hatte ich einen »Vertrag geschlossen«. Bei den wöchentlichen Spaziergängen machten wir einander auf die Fehler aufmerksam. Keiner nahm sich ein Blatt vor den Mund. Jeder beobachtete den anderen genau. Ausreden waren nicht zugelassen.

Die geistliche Tradition empfiehlt die »correctio fraterna«, die brüderliche Zurechtweisung. Sie handelt aus der Verantwortung füreinander, weil jeder Glied am »Leib Christi« ist.

Fu Yuk-t'ong, ein Jahr älter als ich, war in Macao geboren. Offen und ehrlich wie er war, haben wir uns immer gut verstanden. Ein wenig zerfahren, goß er eines Tages als Mesner Ewig-Licht-Öl anstatt Meßwein in das Kännchen. Zum Glück hat es unser Professor, Pater Michele Suppo, noch rechtzeitig bemerkt.

Im Gespräch meinte Josef Fu Yuk-t'ong eines Tages: »Du hast ja einen Reisepaß. Von dir weiß man, daß du existierst. Aber bei mir steht nur eines fest: daß ich ein Chinese bin, der in der Masse untergeht. Gestorben, dann vergessen.« Ob sich das bewahrheiten sollte?

Unter den Kommunisten als Priester zehn Jahre lang im Kerker, öffentlich aufgefordert, sich der »Los-von-Rom-Bewegung« anzuschließen und zu unterschreiben, blieb er standhaft. Jedesmal antwortete er entschieden: »Pu shin.« — »Nein, das kann ich nicht.«

Lang und hart war sein Kreuzweg. Er endete im Oktober 1961. Der Tag ist unbekannt.

Dieser Priester, der so sehr seine Berufung liebte, durfte die ganze Zeit seiner Gefangenschaft kein einziges Mal das heilige Meßopfer feiern. Auch in der Stunde seines Todes wurde ihm kein geistlicher Beistand gewährt.

Josef Fu, mein bester Freund, hat seinen Lauf auf bewundernswerte Weise vollendet. Er, der Christus-Treue.

A Dam, ein Christ wie seine Eltern auch.

Als Hausdiener und Küchengehilfe gehörte auch der Speisesaal, in dem sich die ganze Gemeinschaft von beachtlicher Zahl versammelte, zu seinen Obliegenheiten.

Auf »Adam« wurde er getauft. Immer ging er »bloßfüßig«, trug er am dürren Körper nicht mehr als eine »Schwarzlack-Hose« und ein Baumwolleibchen, das einmal weiß gewesen sein soll.

Reis, Dörrfisch und abgebrühtes Gemüse wurden in Bambusgebinden auf den Tisch gestellt. Anders lag die Sache bei den Bananen, die nach jeder Mahlzeit im Studentat serviert wurden. Sie waren billig zu haben.

A Dam, ein kleines, mageres, aber liebes Männchen, plauderte gerne und viel in einem köstlichen Gemisch aus Italienisch, Kantonesisch und Englisch. »Padre sap fan okay« — »Hochwürden ist zehnmal in Ordnung«.

Die Fersen eng beisammen, die Vorderfüße nach außen gedreht, erinnerte sein Gang an den eines Erpels.

Die Bananen schleppte er immer büschelweise daher. Nicht selten brachen dabei die reifen Früchte ab und fielen zu Boden.

Kein Problem für Adam. Er holte den Besen, kehrte sie auf einen Haufen zusammen, und von dort wurden sie seelenruhig wieder auf den Tisch gelegt. Da es Don-Bosco-Art ist, bei Tisch froh und gesellig zu sein, unterhielten wir uns angeregt und bemerkten es kaum.

Eines Tages aber schrie der Direktor auf chinesisch: »Pfui, der Besen!« Das schlug sofort ein. Besagtes Instrument verschwand. Und Adam kam angerückt wie eine hochschwangere Frau, griff in den Halsausschnitt seines »appetitlichen« Baumwolleibchens und legte jedem seine Portion Bananen neben die leere Reisschale.

»Non ha mangiato la folia«, meinte Don Suppo.

»Der hat das Blatt nicht verdaut.« Oder: »Dem Narren fehlt nichts als der Verstand.«


Pater Michele Suppo, ein großer Kenner chinesischer Philosophie und Literatur, war mein Professor. Er trug in Latein und Italienisch vor.

Die Mitbrüder aus dem Süden, flotte Redner, antworteten auf jede Frage. Ziemlich egal, ob richtig oder nicht.

Bei mir ging alles viel langsamer. Hören. Überlegen. Antworten. Oder Schweigen.

»Laßt uns hören, was Weidinger, unser Bauernphilosoph, dazu sagt.«

»Perché io Bauernphilosoph?« — »Warum bin ich . . .?«

»Weil du lange denkst und kurz, aber sinnvoll redest.« — Eine Auszeichnung?


Padre Rodríguez, ein spanischer Redemptoristenpater, hatte ein Meditationsbuch über »Die vier letzten Dinge« verfaßt. Ganz im alten Stil.

Wir waren alle in der Kapelle versammelt. Einer las Abschnitte über die Höllenstrafen vor. Soeben hatte sich im Text einer der Oberteufel auf den reuelosen Sünder geworfen, um ihn zu quälen.

Dann Pause. Tiefstes, heiliges Schweigen.

Da konnte ich mich nicht mehr halten: Ich mußte hellauf lachen. Ein Skandal sondergleichen.

Wie ich nur so tief sinken konnte und »mitten in der Hölle«

zu lachen wagte, fragte mich der Direktor Don Vincenzo Ricaldone in einem peinlichen Verhör.

»Weil ich jetzt erst den Witz verstand, den gestern Padre Parisi in der Abend-Erholungszeit erzählt hat.«

Von nun an blieb die Redewendung: »Weidinger lacht erst morgen über den Witz von heute.«

## *Piratennester und Räuberbanden*

Im Juni des Jahres 1513 erreichte als erster Portugiese der Seefahrer Jorge Álvares chinesischen Boden, 18 km von Kanton, der Hauptstadt Südchinas, entfernt.

Schon von jeher nannte man diese Stelle ihrer Form wegen »Ma Kao«, Pferdehuf. Es war ein winzigkleiner Umschlagplatz am trichterförmigen Delta des Sikiang-Flusses.

Gerade dort wimmelte es von Piraten.

1597 gründeten die Portugiesen die »Stadt« Macao, auch Makau geschrieben, den ältesten europäischen Handelsposten in China, und säuberten als Dank dafür die Küste von den Piraten, soweit ihnen das gelingen sollte.

Später wurde die gesamte kleine Halbinsel, die nur durch einen schmalen Streifen mit dem chinesischen Festland verbunden ist, portugiesische Kolonie, letztlich aber zur Überseeprovinz erklärt. Hier konnte sich die katholische Kirche gut entwickeln.

Bald wurde Macao ein Bollwerk des Glaubens — das »Rom des Ostens« — und Sprungbrett ins für lange Zeit »Verbotene Reich der Mitte«. Doch leider auch zur Drehscheibe des Sklavenhandels.

Durch die rasche Entwicklung Hongkongs nach dem Friedensvertrag von Nanking 1842 verlor Macao für den China-Handel an Bedeutung, erlangte dafür jedoch einen internationalen Ruf für Goldschmuggel sowie als Rauschgift- und Glücksspielzentrum.

Im Oktober 1915 ging Don Versiglia ans Werk und errichtete mit Hilfe eines großen Wohltäters — die Unruhen in Portugal hatten sich unterdessen wieder gelegt — ein dreistöckiges Haus mit großen Sälen für Schule, Schlafräume, Speisesaal und Werkstätten. Daneben adaptierte er einen weiträumigen Hof als Spielplatz.

Dieses Haus stand noch zu meiner Zeit, hieß »Orfanato« und war unter den Schutz der »Unbefleckten Empfängnis Mariens« gestellt. Beständig erweitert, ist es zur »Wiege der Salesianerwerke in China« geworden, von hier gingen alle Gründungen aus.

Am 21. Dezember 1917 — knapp bevor ich zur Welt kam — hat der Heilige Stuhl den Salesianern in der Südprovinz Kanton ein neues Missionsgebiet anvertraut. Es hieß »Shiu Chow«, heute Kukong.

Auf Don Versiglia, den ersten Bischof dieses Distriktes, folgte nach seinem gewaltsamen Tod Ignazio Canazei von 1930 bis 1946. Wenige Jahre nur waren danach Bischof Michele Arduino zur Missionsarbeit beschieden. Abrupt brach 1949 der »Rote Sturm« unter Mao Tse-tung los.

Ein reger Austausch bestand zwischen Shiu Chow und Macao. Immer wieder trafen die »Bambusdschungel-Missionare« bei uns ein, erholten sich und reisten wieder ab.

Erst 1953 wurde jede kirchliche Betätigung verboten, die Priester des Landes verwiesen oder eingekerkert. Nur zwei einheimische Patres blieben zurück.

Zeiten der Blüte wechselten mit solchen des Rückschlages im Missionsgebiet.

Oft fielen Piraten und Gewalttätige ein, raubten, plünderten und mordeten unter den Neuchristen.

Im Herbst 1923 erschien in Kanton eine sowjetische politisch-militärische Kommission. Sie gab an, das neue chinesische Heer nach dem Vorbild der Sowjets zu reorganisieren.

Im Juli 1927 war es soweit. Tschiang Kai-schek, der neue

starke Mann in China, rebellierte gegen das russische System. Die »Kuo Min-tang«, die national-chinesische Partei, hatte die Oberhand bekommen. Mao Tse-tung mußte mit seinen Horden nach Nordosten ausweichen.

Für die Kirche und somit für die gesamte Missionsarbeit war für den Augenblick die Gefahr gebannt.

Der Vatikan, stets bereit, seinen »Kämpfern für Christi Reich an vorderster Front« beizustehen, hat den Weinberg des Herrn zu betreuen versucht. Am 22. Jänner 1929 konnte Marschall Tschiang Kai-schek Monsignore Celsus Constatini als Legat von Papst Pius XI. festlich empfangen.

Pater Johann Matkovics, ein gebürtiger Ungar aus Markotobodoge, sprach fließend deutsch. Ich kannte ihn gut.

In seinem Missionsgebiet Yan Fa hatte sich der 1936 ausgebrochene chinesisch-japanische Krieg besonders bemerkbar gemacht. Die Fremdenfeindlichkeit hatte stark zugenommen. In jedem Ausländer sah man einen Spion. »Pak kwai«, weißer Teufel, war die gängige Bezeichnung für Europäer.

Gegen Ende des Jahres 1938, die finanzielle Lage der Mission war verheerend, wies Bischof Canazei die Missionare an, gewährte zinsenlose Anleihen einzufordern. Am Morgen des 2. Februar 1939 fand man wenige Kilometer außerhalb des Ortes Yan Fa den Kopf eines Weißen auf einen Pfahl gespießt . . .

Ich war noch im Noviziat in Sao kei-wan. Der Novizenmeister Don Luigi Massimino erzählte uns vom tragischen Tod Don Matkovics'. Nicht ohne hinzuzufügen, daß wir alle bereit sein müßten, dasselbe Schicksal zu teilen.

Später erfuhr man die Hintergründe dieses Mordes. Drei Nichtchristen schuldeten der Mission eine beachtliche Summe. Sie heuerten Mörder an, um Pater Matkovics umbringen zu lassen.

»Orfanato de Macao«, vom Märtyrerbischof Versiglia 1915
gebaut, wurde zu meinem Daheim durch viele Jahre.

Er war 37 Jahre alt, sein halbes Leben Ordensmann. Er starb als ein Opfer des Gehorsams und der Pflichterfüllung.

Jugendträume und Wirklichkeit.
Welch ein Widerspruch.
Und doch ist es gut, dieses Träumen. Wie ich es tat, als der Missionsbischof Ignazio Canazei entscheidend in mein Leben trat. Damals in Unterwaltersdorf.

Er ist Bischof geworden, nachdem sein Vorgänger Luigi Versiglia und dessen Sekretär Callisto Caravario auf einer Visitationsreise durch das Missionsgebiet im Bambusdschungel unter unaussprechlichen Qualen ihr Leben für Christus gelassen haben.

In der Begleitung der beiden Missionare befanden sich drei junge Mädchen im Alter von 16, 21 und 23 Jahren. Auf diese hatten es Banditen abgesehen. Fest entschlossen, »lieber zu sterben, als die Reinheit zu verlieren«, konnten die Mädchen aus der Gewalt der Piraten fliehen und sich retten.

»Die beiden Missionare müssen wir töten!« schreit einer der Banditen. »Habt ihr keine Angst zu sterben?«

»Wir sind Missionare, warum sollten wir Angst haben?«

»Nieder mit Tschiang Kai-schek! Es lebe Chang Fat-kwai!« Fünf Pistolenschüsse sind zu hören. Die Missionare sinken tot in den Sand. Geschehen am 25. Februar 1930.

Am 15. Mai 1983 wurden sie von Papst Johannes Paul II. seliggesprochen.


## Wunderbar sind Gottes Wege

Ich, ein »deutscher« Staatsbürger.
Deutschland führte Krieg. Und Hongkong, ein Teil des englischen Imperiums, auch.
»I am Austrian«, war stets mein offenes Bekenntnis.
Am 28. Oktober 1938, am Festtag der heiligen Apostel

Simon und Judas Thaddäus, wurde ich mit Kolar und schwarzem Talar eingekleidet.

»Zieh an den neuen Menschen.«

Ablegen alles Alte. Ja, das wollte ich. Räumte meinen Schiffskoffer aus, gab alles, was ich nicht unbedingt benötigte, dem Novizenmeister Don Massimino, dem ich mich von nun an ganz anvertraute. Ohne Vorbehalt.

Ein »Neuer Mensch« wollte ich sein. In der Teilnahme an der Sendung Jesu Christi, seiner Passion und Auferstehung. Strebte die Vereinigung mit Gott an.

Neu war auch mein Name: Als Kind Mariens wollte ich meinem Taufnamen »Maria« hinzufügen.

Heinrich Maria Weidinger.

Ich lebte gänzlich abgeschieden. Doch die großen Ereignisse der Welt machten sich auch in Hongkong bemerkbar, sickerten in unser »Bethanien« ein.

Dr. Otto von Habsburg, einer der prominentesten Österreicher, hat in einer französischen Zeitung an die Welt appelliert, dem Unrecht am österreichischen Volk nicht tatenlos zuzusehen. — Und was geschah weiter?

Am 10. Oktober Hitlers Einmarsch in das Sudetenland.

6. März 1939: Die Deutschen besetzen Prag.

20. April: Großbritannien führt die allgemeine Wehrpflicht ein. Steht vor dem Eingreifen ins Kriegsgeschehen.

Am 1. September stehen die ersten deutschen Truppen in Polen. Nach vier Wochen ist das ganze Land überrollt.

Kurz darauf werde ich in die englische »Police station, District Sao kei-wan« vorgeladen. Als Jahrgang 1918 dürfe ich mich von meinem gegenwärtigen Domizil nicht entfernen und müsse mich jeden Montag punkt 8 Uhr früh bei besagtem Amt einfinden.

Die Police Station lag ganz unten am Meer. Wir wohnten oben am Berg. Der Fußweg dorthin war lang, zeitraubend und beschwerlich.

Als aber am 5. Juni 1940 der Einmarsch der Deutschen in

Frankreich begann, schoben mich die Engländer noch in der Nacht um 23 Uhr von Hongkong nach Macao ab.

Zwei Polizisten holten mich aus dem Bett, brachten mich auf den Liniendampfer »Kwang Si«, der um Mitternacht die Anker lichtete. Unten im Frachtraum zwischen Schweinen, Hühnern und Gänsen fand ich ein Plätzchen.

Vom Strohhaufen auf den Heuschober springen.
Wem dies gelingt, der landet immer sanft.
Diese Weichlandung wurde mir zweimal zuteil. In Hongkong zuerst. Und jetzt in Macao.
Überall fand ich Paulus' Worte bestätigt.
»Wenn es eine Gemeinschaft des Geistes, herzliche Zuneigung und Erbarmen gibt, dann macht meine Freude dadurch vollkommen, daß ihr eines Sinnes seid.
Einander in Liebe verbunden. Einmütig und einträchtig.
Daß ihr nichts aus Ehrgeiz und nichts aus Prahlerei tut. Sondern in Demut schätze einer den andern höher ein als sich selbst.
Jeder achte nicht nur auf das eigene Wohl, sondern auch auf das der anderen.« (Phil 2, 1—4)
In Macao angekommen, wimmelte der Laderaum des Schiffes von Kulis. Das Gegrunze der Schweine, das Gegacker der Hühner, das Geschnatter der Gänse und dazu das Gezeter und Wischwasch der Träger während der Entladung erfüllten den Bauch der »Kwang Si«.
Seelenruhig saß ich in einer Ecke und wartete den Gang der Dinge ab.
»Shan fu!« rief einer. Das heißt »Pater« und galt mir.
Jedenfalls landeten Rikscha, Koffer und ich im »Orfanato«. Ein Spitzbart öffnete mir, ließ mich ein. Der »Transport-Unternehmer« zeigte mir mit den Fingern an, daß die Geschichte einen Zehner koste. Als ich mit Hongkong-Währung zahlen wollte, waren es gleich zwei Dollars mehr, weil eben der Hongkong-Dollar unter dem Macao-Dollar lag.

Unterdessen hatte sich der Portier eingeschaltet. Und während beide aus voller Kehle stritten, nahm mich eine liebende Hand in Empfang.

Unendliche Herzensgüte, vereint mit einer nimmermüden Dynamik. Offen für Ideen. Reich an Einfällen, die sich lohnten, in die Tat umgesetzt zu werden.

Einen solchen Mann fand ich in Don Mario Acquistapace, mit dem ich nun vier Jahre lang als Hausoberen zusammenleben durfte. Das Glück hatte, mit diesem Genie eines Seele-Geist-Menschen in harter Bewährung »Wei Shi-tzoi« zu werden. »Einer, der verteidigt, was der Himmel ihm gab«.

So sagt es mein chinesischer Name.

Jetzt konnte ich ein Exempel statuieren.

Daß Talente nicht tatenlos liegenbleiben.

# VI  MIT GEBUNDENEN HÄNDEN

## Sankt Raphael am Wegesrand

Die Lage wird immer kritischer.

Die japanisch-amerikanischen Verhandlungen im November 1941 scheitern. Es geht dabei um das China-Problem.

Japan will die kriegerische Auseinandersetzung mit der Kuo Min-tang-Regierung hartnäckig weiterführen. Amerika hingegen ist entschlossen, die Hilfe für Tschiang Kai-schek fortzusetzen.

Politisch gesehen hieß das, Japan möchte an seiner Expansionspolitik in Ostasien festhalten. Amerika lehnt dies jedoch ab und stellt sich mit ganzer Kraft gegen die japanische Agression. Unterdessen ist es der US-Regierung gelungen, ein japanisches Geheimtelegramm abzufangen und zu entziffern. Daraus geht hervor, daß in Asien neue Angriffe der Japaner bevorstünden. Zeitpunkt und Ziel sind einstweilen noch unbekannt.

Nach meinem Abschub aus Hongkong verweilten meine Kameraden weiterhin dort. Jedoch nicht mehr lange. Bald mußte das gesamte Studentat nach Shanghai evakuiert werden. So hatte man mich von meiner Gruppe getrennt.

Nur der in Litauen gebürtige Don Pedro Urbaitis blieb zurück, um das Eigentum der Mission, die unterdessen von englischen Soldaten besetzt worden war, zu bewachen.

In der Nacht auf den 8. Dezember 1941 eroberten die Japaner in einer Blitzaktion Hongkong und griffen gleichzeitig Pearl Harbor im Pazifik an.

»Fürchterlich und unsagbar«, was Pater Urbaitis in Sao kei-wan hilflos mitansehen mußte.

Brutal wurden die entwaffneten englischen Soldaten zusammengeschlagen. Splitternackt mußten sie vor der zirka 30 Meter langen Fassade des Studentats einen tiefen Graben schaufeln und sich dann »habt acht« hineinstellen. Bis zu den Schultern mit Aushuberde bedeckt, nur mehr Hals und Kopf jedes einzelnen sichtbar, hieb man ihnen mit japanischen Säbeln den Kopf ab. Blutig rot verfärbte sich die gelbbraune Lößerde und schrie zum Himmel.

Nach Beendigung des Krieges wurden die Leichen exhumiert und mit allen Ehren der Nation beigesetzt.


Vier Österreicher.

Rudolf Haselsteiner und Alfred Faist in Shanghai. Wilhelm Schmid und Heinrich Maria Weidinger in Macao.

Die Gemeinschaft war international. Die Italiener hatten dabei den größeren Anteil. Gut vertreten war auch Deutschland. So die Personallage in den Jahren von 1940 bis 1945. Der Nachwuchs aus China nahm beständig zu. Wir sprachen alle italienisch.

Der Japanische Krieg, der den ganzen Fernen Osten überzogen hatte, einte vorübergehend das gespaltene China, an dessen Spitze zwei Köpfe standen: Tschiang Kai-schek und Mao Tse-tung.

Tschiang will ein China göttlicher Ordnung nach Konfuzius, dessen Rückgrat die Beamtenschaft ist.

Mao hingegen fordert ein Neues China der Gleichheit und der Befreiung von den Ausländern.

Im Japanerkrieg hatte Tschiang 700.000, Mao hingegen nur 50.000 Tote zu beklagen.

Ein zwiespältiger Einfluß mit gegensätzlichen Interessen hatte sich lange schon im steigenden Ausmaß von außen her bemerkbar gemacht, so daß man China zu einer Art Kolonie mit Gebietevorrang degradierte. Verschiedenartige Ideologien waren mit im Spiel.

Amerika und Rußland, England und Frankreich, nicht zu vergessen Italien und Deutschland — alle waren daran beteiligt, schlugen jahrelang ihren Vorteil daraus.

Die Verachtung den Europäern gegenüber wurde aus diesen Gründen immer stärker spürbar.

Verschärft wurde die Lage noch durch die Bündnispolitik des Westens, wodurch die Achtung vor ihm sank. Schließlich geriet der Topf zum Überlaufen.

»Sat min«. Der Westen hatte sein Gesicht verloren.

Dem Feind entflohen, Hongkong verlassen.
Und im Rachen eines Ungetüms gelandet.
Wer rechnet schon damit?

Macao, in der Zone tropisch-sommerhumider Feuchtklimate gelegen, steht während des Sommers unter dem Einfluß des Südost-Monsuns, einer Luftströmung großer Ausdehnung im Grenzgebiet von Meer und Land mit spürbarem jahreszeitlichen Richtungswechsel.

Die Luftfeuchtigkeit ist sehr hoch, über 80 Prozent.

Die Temperatur beträgt im Jahresmittel 22°C, steigt aber nicht selten auf über 35°C an.

Die immerfeuchte Hitze hielt mich in einem beständigen Schwitzbad. In kürzester Zeit bemächtigte sich meiner ein Schwächezustand, der rapid zunahm und mir ungeheure Kopfschmerzen verursachte.

Schwindelanfälle erlaubten mir kaum ein freies Bewegen. Dazu kamen noch Krampfzustände, gefolgt von Schüttelfrost, die mich für längere Zeit ans Bett fesselten.

Ich war zu einem Sonder-Pflegefall geworden. Hatte gezwungenermaßen den normalen Bildungsweg verlassen.

Wie sollte es weitergehen?

Es war eine ungewisse Zukunft mit nicht wenigen Gefahren.

»Herr, laß mich nicht allein, wenn mein Glaube angefochten, mein Vertrauen zu DIR von Zweifeln zernagt wird . . . und mein Mut sinken sollte.«

Es gab keinen anderen Ausweg als Sankt Raphael, das Krankenhaus von Macao.

Lange Zeit war ich dort Patient.

Litt am ganzen Körper. Nachts konnte ich nicht schlafen. Nur beten konnte ich. Und das tat ich.

Das »Hospidale de Sanct Raphaele«, Eigentum einer »Frommen Bruderschaft«, wurde von den »Franziskanerinnen Missionärinnen Mariens« geleitet. Bei ihnen befand ich mich in besten Händen. Rührend desgleichen die Sorge, die mir meine Mitbrüder angedeihen ließen.

Allen voran Pater Martin, ein gebürtiger Bayer, der im Alter von 22 Jahren als Bauernsohn auf seltsame Weise zu seinem Beruf fand. Großes Aufsehen erregte damals in der Oberpfalz Theresia Neumann. Sie erlebte jeden Freitag an den Stigmatisierungen des Gekreuzigten Heilandes dessen Leiden. Martin Schneidtberger fuhr zu ihr hin und fragte sie, wie es um seine Zukunft stünde.

»Du bist zu Höherem berufen als zum Pflug. Priester und Ordensmann wirst du werden. Nach China wirst du gehen. Viele junge Menschen wirst du zu Christus und zum Apostolat führen. Geh, aber geh sofort.«

Nun war er als »Pater Martin« in China.

Wenn dieser Pater Schneidtberger mein Krankenzimmer verließ, dann fühlte ich mich dennoch nicht allein.

Drei Gestalten waren es, die mich abwechselnd oder zeitweise gemeinsam besuchten.

Ich meinte, ich würde träumen.

Aber ich sah sie. Hörte ihre Worte.

Wurde gewahr, wie sie mich kneteten aus weichem Ton. Im Brennfeuer hart werden ließen.

Dann empfand ich mich im Schmelztiegel buchstäblich zerfließen und entdeckte mich neugestaltet wieder.

Ein andermal spürte ich das Messer, wie es, fest geführt, aus dem Eigenstolz herausschnitt, was den Kern des Holzes beeinträchtigen würde.

»Da mihi animas, cetera tolle.« — »Seelen gib mir, alles andere nimm hinweg.« Don Bosco sprach zu mir.

»Kindsein vor Gott.« »Kleiner Weg der geistigen Kindheit«, Weg des Vertrauens und der Liebe, zu dem mich die Kleine heilige Theresia von Lisieux anleitete. Und meinte, daß ich »das Kleinste in großer Weise tun möge«.

Franz von Sales, der heilige Bischof von Genf, hingegen lenkte mich von meinem aufbrausenden Naturell hin zu einer bewußt sanften Art des Handelns.

Wie weggeblasen waren die stümperhaften Vorstellungen und die abenteuerlichen Träumereien von einst, als der Most noch in voller Gärung war.

Erfülltes Leben fiel mir nicht in den Schoß.

Ich mußte reifen im Leid.


Die Ärzte schüttelten den Kopf.

Organisch gesund. Und dennoch schwer krank.

Letztlich entlassen, ins »Orfanato« zurückgekehrt, wurde die Krankenabteilung zu meiner Wohnung, Werkstatt und zu meinem Missionsfeld.

Trotz vieler Schmerzen drängte sich die Arbeit hartnäckig heran. Und ich kam dabei immer mehr zur Überzeugung, wenn der Herr eine Aufgabe schickt, dann läßt ER es an SEINER Hilfe nicht fehlen.

Doktor Antonio Nunes da Costa, Militärarzt und medizinischer Betreuer der Gemeinschaft.

Dieser Arzt, gebürtig aus Portugal, hatte es durchgesetzt, daß ich zu regelmäßigen Kursen ins staatliche »Militärkrankenhaus« von Macao kommen durfte.

Meine Ausbildung beschränkte sich nicht nur auf Tropenkrankheiten, sondern gab mir auch das nötige Rüstzeug zur Allgemeinbehandlung.

Einen großen Vorteil hatten diese Kontakte, ich bekam nämlich, zum Teil wenigstens, Injektionen und Medikamente zur Verfügung gestellt, soweit sie in der pharmazeutischen Abteilung dort selbst erzeugt werden konnten.

Restlos zufrieden war Dr. Nunes.

Meine Fortschritte auf dem Gebiet der Medizin machten ihm alle Ehre. Andererseits hatte er in mir einen verläßlichen Assistenten im Orfanato.

Schicksal wurde zur Sendung.

Sankt Raphael, der Erzengel und Schutzpatron der Reisenden, stand am Wegesrand. Wies auf mein Ziel, das ein erhabenes sein sollte. Zum Heil der Seelen.

Ich vertraute ihm. Ging den harten Weg der Bewährung. Beschwingte Flügel der Gottverbundenheit trugen mich über die Hindernisse hinweg.

## Wie der Pudel schwimmen lernt

Ein großes Arbeitsfeld.

Auf engem Raum.

In tragischen Zeiten.

Gesund war ich nicht. Es ging mir auch nicht gut. Anderen aber erging es noch viel schlechter. Und soll der alte Grundsatz gläubiger Menschen eitel Hoffen genannt werden müssen? — »Wer gibt, empfängt.«

Im Geben und Helfen wuchs meine Kraft. Körperlich und geistig, aber auch seelisch zugleich.

Macao, eine hügelige Halbinsel, 65 Kilometer westlich von Hongkong gelegen, scheint die Insel der Seligen zu sein.

Um sie herum brennt die Welt. In ihr aber herrscht Friede. Sie ist ja eine portugiesische Überseeprovinz, und Portugal ist neutral. Hat mit dem Krieg nichts zu tun.

Der volle Name der Kolonie ist »Santo Nome de Deus de Macao«, »Heiliger Name Gottes von Macao«. Mit den beiden südlich vorgelagerten Inseln Taipa und Coloane besitzt sie ein Ausmaß von 16 km².

Heute zählt sie 250.000 Einwohner, wovon nicht mehr als ein Prozent Europäer sind. Die Zahl der Mischlinge ist bedeutend höher. 10 Prozent der Bewohner leben auf Booten. 75 Prozent sind Buddhisten, nur 10 Prozent Katholiken.

Damals? — Macao war von China-Flüchtigen überflutet. Unser Missionszentrum ächzte aus allen Fugen. Im Hause befanden sich über 700 Buben. Sie besuchten die Schule, arbeiteten in den Werkstätten. Ein Teil davon wohnte im Internat. Immer wieder stießen neue hinzu, oft Waisen. Die Eltern waren auf der Flucht von den Japanern erschossen oder erschlagen worden. Die Kinder konnten entwischen.

Rechtzeitig hatten die Amerikaner noch eine Schiffsladung Hilfsgut nach Macao gebracht, das ausschließlich aus kalifornischem Weizenschrot bestand. Weil man Angst hatte, er würde in der Stadt gestohlen werden, wurde ein Großteil bei den Salesianern gelagert. Die Regierung war dem Ansturm bei der Verteilung nicht mehr gewachsen und ersuchte uns darum.

Die Chinesen, nur an Reis gewöhnt und dazu noch ausgehungert, bekamen Durchfall. Nicht wenige starben.

Die Sisalsäcke ließen die Luftfeuchtigkeit durch. Mehlwürmer fanden hier ihren Nährboden.

Da der Lebensmittelmangel immer akuter wurde, hatten wir Missionare oft nichts anderes zu essen als das Ausgekochte der Weizenschrotsäcke mit den verklebten Schrotteilchen und den . . . — Ja, auch Mehlwürmer füllen ein Loch im hungrigen Magen aus.

Immer ergab es dasselbe Bild.

Ob er kam, seine Gattin oder die erwachsene Tochter — sie erweckten den Eindruck, gebildet zu sein und dabei schlicht, einfach und bescheiden zu bleiben. Hinterließen etwas Eigenes, Fluierendes, Kosmisches. Eine Ausstrahlung, die von einem intimen Glaubensverhältnis zu Jesus Christus herrührt.

Diese Pastorenfamilie gehörte der Methodisten-Gemeinschaft an, einer aus der anglikanischen Kirche erwachsenen Entwicklungsbewegung. Das wesentliche an ihr ist Laienmitarbeit durch Laienprediger.

Die genannte Familie mußte wegen ihrer amerikanischen Staatszugehörigkeit das Missionsgebiet im Innern Chinas verlassen. Von ihrer Sendungsbereitschaft überzeugt, hatten sie einen Transport in die Heimat ausgeschlagen. »Um bereit zu sein, wenn China wieder frei wird.« Sie waren eben Jünger des Herrn.

Imponierend die Demut, mit der sie ihr $1^1/_2$-Liter-Aluminiumkännchen hinhielten, um ihr Mittagessen darin aufzunehmen, das gezwungenermaßen mehr heißes Wasser als sonst etwas war.

Kaum hatte der Krieg ein Ende, setzten sie sich tatkräftig für unsere Mission ein. Laster brachten uns wertvolle Hilfsgüter ins Haus. — Als Rückzahlung oder als Dankeschön für das Helfen zur Notzeit?

Ein Freund in der Not ist ein Freund in der Tat.

Und wer ohne Freund ist, lebt nur halb.


Eigentlich verdankte ich es dem chinesischen Pfarrer Li von der Rochuskirche in Macao, daß ich Zugang zur Chinesischen Heilkunde fand. Bald konnte ich regelmäßig nach Kanton in die »Provinz-Akademie für Chinesische Medizin« fahren.

Mein Chinesisch hatte Fortschritte gemacht. Alle akzeptierten mich als einen von ihnen im Fach.

Daheim lernte ich weiter. Las bald einschlägige Literatur in chinesischer Sprache mit Hilfe meines Sprachlehrers. Schrieb auch selber ganz gut Zeichen.

Die Chinesische Medizin hat sich aus einer schillernden

Mischung von Mythos und Wahrheit, von Aberglaube und Volksweisheit entwickelt, wurde aber bereits 500 Jahre vor Christus zu einer Wissenschaft, zu einem wesentlichen und unabdingbaren Element der chinesischen Philosophie und des chinesischen Denkens.

Einst fand ein Bauer im Südwesten, dort wo China, Birma, Laos und Vietnam sich berühren, nahe seiner Hütte eine Schlange, lang und voller Leben.

Er schlug mit einer Hacke auf sie ein, bis sie sich nicht mehr bewegte. Als er sie tot wähnte, ließ er sie liegen und ging weg.

Interessanterweise aber sah er einige Tage später dieselbe Schlange wieder über seinen Hof gleiten. Neuerlich versuchte er sie zu töten.

Als die anscheinend unverwüstliche Schlange nach einigen Tagen erneut erschien, schlug er wiederholt und noch wuchtiger auf sie ein.

Diesmal jedoch beobachtete er sie genau. Und entdeckte, wie sie unter ein Kraut kroch und davon fraß. Am nächsten Morgen schon begannen ihre Wunden zu heilen. Sie gewann wieder neue Lebenskraft.

So fand man den Weg zu einem in China sehr geschätzten Heilmittel, das »Bai Yao«, ein weißes, aus Kräutern gewonnenes Pulver, das innere und äußere Blutungen zum Stillstand bringt, indem es die Ränder der Wunde schließt und das verletzte Gewebe schnell heilen läßt. Es wird auch »Sam tzi«, Berglack genannt, botanisch Notoginseng.

Chinesische Medizin ist nicht bloß eine Behandlung. Sie ist vielmehr das Herzstück chinesischer Denkkunst, die auf das Wohlbefinden von Körper und Seele abzielt. Sie formuliert einen religiösen und sozialen Verhaltenskodex. Chinesische Medizin will den wahren Sinn des Lebens definieren, die gegensätzlichen Kräfte im Organismus ins Gleichgewicht bringen.

Dort in Kanton lernte ich auch Akupressur. In Theorie und Praxis. Es gibt am menschlichen Körper 800 entlang der

Meridiane liegende Punkte, wovon nur fünfzig benützt werden. Man stimuliert durch kräftigen Druck der Finger so lange, bis der Patient ein Spannungsgefühl empfindet. Das vollzieht sich in der Regel im Ablauf von sieben Sekunden.

Meist wendet man Akupressur und Naturheilmittel gemeinsam an, um so die Wirkung zu erhöhen.

Die Zahl der Kranken in der Abteilung stieg zusehends, überschritt schließlich 40. Tag und Nacht hatte ich sie zu betreuen, zu waschen und zu tragen.

Je mehr Arbeit ich hatte, umso mehr Fähigkeiten entwickelte ich. Brach oft vor Erschöpfung zusammen. Doch ging es immer wieder weiter, weil es einfach weitergehen mußte.

Unterdessen nahm ich das Studium wieder auf. Pater Schneidtberger unterrichtete Moral. Pater Dias, ein portugiesischer Jesuit und Beichtvater im Bischöflichen Seminar, Dogmatik. Die anderen Fächer absolvierte ich im öffentlichen Seminar. Mehrmals in der Woche ging ich ins Seminar und wohnte den Lesungen bei. Fleißig lernte ich Chinesisch, fing an, Bücher zu übersetzen.

Wie es dazu kam? Einer der Handwerksschüler war Leung Wah-wong. Padre Acquistapace hatte mir von ihm erzählt. Der Junge war körperbehindert, aber außergewöhnlich intelligent. Während seiner Internatszeit als Buchdruckerlehrling hat er jede Minute peinlichst genau ausgenützt, um zu lesen und sich weiterzubilden. Ich nahm mit ihm Kontakt auf.

Bald waren wir uns einig. Wir wollten gemeinsam Bücher ins Chinesische übersetzen. Und wir taten es auch. Brachten es dabei zu einer solchen Fertigkeit, daß wir die allgemeine Aufmerksamkeit auf uns lenkten.

Neue Fachkräfte boten sich an, Hochschüler und Professoren. Chinesische Flüchtlingspriester kamen hinzu. Alle wurden nach ihren Fähigkeiten eingesetzt. Schließlich umfaßte unser Kreis 108 Personen. Und das in Kriegszeiten.

Ich las sehr viel. In Deutsch, Italienisch, Portugiesisch, Englisch, Spanisch und Französisch. Vor allem Jugendbücher, unterhaltsam, gleichzeitig von erzieherisch-ethischem Wert. Und machte sie der chinesischen Mentalität zugänglich. Grauenhaft fand ich die wortwörtliche Übersetzung, lehnte sie von vornherein ab. Also gut durchmeditieren, chinesisch weitererzählen. Ich sprach Kantonesisch im Diktat.

Die Übersetzer schrieben es alle in der Einheitssprache, dem Mandarin, nieder. Leung Wah-wong und ich lasen es durch, trafen die Änderungen.

Unsere Übersetzungen von literarischem Niveau konnten sich ruhig mit denen der Russen messen. Und da es auf den Inhalt und nicht auf den Stil allein ankommt . . .


Angeberei, rücksichtsvoll ausgedrückt.

Ironische Frotzelei, klarer gesagt.

Pflauseln oder G'fummel, hoppatatschi oder goschert in der Umgangssprache.

Das könnte man leichtfertig zu manchem sagen, was Menschen in Notsituationen fähig sind zu leisten. Und so war es buchstäblich in unserem Fall. Hinzugefügt muß noch werden, daß »dort« und »hier«, »damals« und »jetzt« die Maßstäbe gewaltig verschoben sind.

Ein großer Saal, nur durch einen Gang von der Krankenabteilung des »Orfanato« getrennt. Dort standen in zwei Reihen je 18 Bambusgestelle, die als Schlafstätten für unsere Handwerkerbuben dienten, die jetzt in unserer Landwirtschaft auf der Insel Coloane Arbeitsdienst hatten. — Glücklich alle, die es traf, denn im Garten ist leicht etwas für den leeren Magen zu finden.

Die Bettgestelle längs der Wand zusammengeschoben, in der Mitte von unseren Tischlern eine 10 Meter lange und $1^1/_2$ Meter breite provisorische Tafel mit ausgedienten Brettern aufgebaut — das war unsere Schreibstube.

Wir wollten alle im Presseapostolat tätig sein und wurden zu
einer wahren Gemeinschaft.
Hinten links, mit Krawatte, Leung Wah-wong.

Hier arbeiteten bis zu 18 Schreiber. Abwechselnd diktierte ich einem nach dem anderen, jeweils eine halbe Stunde. Dann brauchte es Stunden, bis alles rein geschrieben war. Und so ging es dahin.

Graphiker kamen dazu. Wir besprachen die Illustrationen, verglichen Skizzen.

Ein andermal saßen wir im Kreis beisammen. Einer las vor. Kritische Bemerkungen wurden angebracht, darüber diskutiert und das Beste als Änderung angenommen.

Meine Mitarbeiter hatten große Freude mitzutun. Wir werkten mit Begeisterung, wurden zu einem »Presseteam«.

Guter Mut ist nicht verboten.

Und dem Wagemut hilft das Glück, trägt ihm den Erfolg ins Haus. Setzt der Ausdauer die Krone auf.

Bei allem Erfolg bewahrten wir klaren Kopf.

Fingen jetzt erst recht an, uns ins Zeug zu legen.

Ein altes Haus wurde in der Nachbarschaft gekauft.

Die »Salesian Press«, nun bereits ein eigenes Unternehmen, übersiedelte dorthin.

Pater Wilhelm Schmid, ein aus Hornstein gebürtiger Burgenländer, stieß zur Gruppe. Nach seiner Priesterweihe kam er 1939 nach Macao, nahm die Stelle eines Musikprofessors am portugiesischen Bischöflichen Seminar ein. Er war eine Koryphäe in seinem Fach, ein Komponist von Rang, und erfreute sich größten Ansehens und höchster Achtung bis hinauf zum Bischof und den Regierungsstellen.

Die Manuskripte unseres Verlages wanderten in die Setzerei, Druckerei, Binderei. Bücher erschienen.

Don-Bosco-Schwestern arbeiteten in unserer Buchhandlung mit eigener Werkstatt.

Das Papier war unterdessen rar geworden. Hilfskräfte drängten sich immer mehr auf. So ließ ich Manuskripte händisch mit dem Pinsel vervielfältigen.

Um im Buchverlag — der im wahrsten Sinne des Wortes Presse-Apostolat, Frohbotschaft-Verkünden durch das ge-

In der Setzerei.

Manuskripte ließen wir händisch mit dem Pinsel vervielfältigen.

druckte Wort war — ganz vorne zu sein, absolvierte ich auch die Setzer-, Buchdrucker- und Buchbinderlehre.

Draußen auf den Plätzen, wo die Menschenmassen sich stauten, dort benützten »Ku Tschai-jan«, Geschichten-Erzähler, die Abschriften. Für mich der beste Beweis, daß unsere Arbeiten durchschlugen.

Die Leute saßen auf der Erde und lauschten gebannt.

Macao war die Zerreißprobe für mein Leben.

Die Not nahm unvorstellbares Ausmaß an. Morgens waren die Straßen von Verhungerten übersät.

Zeitweise hatten wir Kranke auf dem Fußboden liegen.

Ich selbst übernachtete im Krankensaal. Hielt Nachtwache, nur durch einen Vorhang von den Kranken getrennt. Immer wieder durchstreifte ich die Gänge, um allen beistehen zu können.

»Pau Si-ko«, die phonetische Übersetzung von »Don Bosco-Werk«, wurde zu einem Begriff in des Elends Hölle.

In die Heilstube, die oben im ersten Stock lag, kamen täglich mehr als hundert Personen zur Behandlung. Vorwiegend waren es Handwerksburschen und Studenten.

Wunden verbinden. Injektionen geben. Trost spenden. Salben mischen. Nach neuen Möglichkeiten suchen, um alle nötigen Mittel aufzutreiben.

Chinesische »bloßfüßige« Ärzte und buddhistische Mönche vom Monte Rosso, dem »Roten Berg«, haben mir ihre Geheimnisse verraten. Baumbalsam, Bambussprossen, Baummelonenkerne und viele andere Heilpflanzen lernte ich schätzen, kombinieren und einsetzen. Nicht weniges wurde in unserer Landwirtschaftsschule auf der Insel Coloane angebaut und verarbeitet.

42 Buben starben in den Jahren meines Samariterdienstes. Schwer lungenkrank waren sie zu uns gekommen. Mußten isoliert werden. Andere wieder litten an einer unheilbaren Darminfektion. Hatten den Bauch voller Würmer. Viele sol-

Macao war die Zerreißprobe für mein Leben.
In die Heilstube kamen täglich Hunderte Menschen zur
Behandlung.

Viele solcher Armer, Leidender wurden geheilt . . .
Und der Krieg nahm kein Ende.

cher Armer, Leidender wurden geheilt. Bei anderen wieder kam jede Hilfe zu spät.

Allen Sterbenden konnte die Taufe gespendet werden. Ich selbst trug sie zu Grabe und bestattete sie auf dem Friedhof Sankt Michael.

Viele der »Heimgeher ins Ewige Reich« sind eines erbaulichen Todes gestorben. Einer leuchtete über alle: Johannes Mac Kam-yün. Er starb am 25. März 1944 im Alter von 19 Jahren im Rufe der Heiligkeit. Ich habe ihn auf seinem Leidensweg begleitet, gepflegt und versorgt.

Andere wieder opferten bewußt ihr Leben für den »Kao Wong«, den Heiligen Vater, auf. Und starben mit einem Lächeln im Antlitz.

Jahre gingen dahin.

Der Krieg nahm ein Ende.

Doch nicht weit weg von uns fiel die erste Atombombe.

Dann nahte der Friedensschluß. China wurde den großen Siegermächten beigezählt und erhielt eine Stimme im Weltsicherheitsrat. Unter Präsident Tschiang Kai-schek.

1946 hat der Vatikan in China 108 Kirchenbereiche zu Diözesen ernannt. Somit war die Kirche hier selbständig und erlebte in ganz kurzer Zeit eine ungeahnte Entwicklung. Neue Missionare kamen.

Für mich begannen die Reisen ins Innere Chinas.

Und Bücher wurden in alle Teile des Landes verschickt.

Die Zahl der erschienenen Bücher ging in die Hunderte. Wir eröffneten zusätzlich eigene Buchhandlungen.

Eine Explosion schien angebrochen zu sein. Ohne Stop.

## Zwischen Goldhandel und Meßweinschmuggel

1886. Don Bosco träumt.

Die Stadt hieß Peking.

Ihre beiden Flüsse Peho und Yuntingho.

Mit einer Rutenspitze zeichnete er im Sand die Stadt, die Flüsse, die sie benetzen, und eine Brücke. Indem er auf diese zeigte, sagte er: »Hier wird Don Bosco seinen Missionaren entgegengehen.«

Das Jahr 1946.

Don Mario Acquistapace zieht als Gründer des neuen Missionswerkes nach Peking. Macao wird zum Umschlagplatz der Missionare. Die Regierung macht ihnen keine Schwierigkeiten.

Der Yen, die Währung Chinas, sinkt immer mehr.

Bischöfe im Innern des Landes ersuchen mich, das vom Vatikan übermittelte Geld zu verwalten. Gold, der sicherste Anlagewert, kommt so in meine Hände.

Einkaufen. Verkaufen. Wieder kaufen. Dabei auf die Kursschwankungen achten. Das Kapital vermehren. Ein lebensgefährliches Geschäft.

Barfuß, im schwarzen Talar, den Tropenhut auf dem Kopf, eine Rolle »Chung Kwok Nam Po«, »Südchina-Post«, unter der von Schweiß triefenden Achsel, zog ich von Wechselstuben zu Schwarzmaklern.

Daheim wurde meine Bettstatt zur »Schatzkammer«. — In Shanghai fand man eines Morgens einen Jesuitenpater, der die gleiche Aufgabe hatte wie ich, mit einem Messer in der Brust tot im Bett auf, und der »Schatz« war weg.

Hongkong, Sitz der Prokuraturen vieler Missionsgesellschaften, die für ihre Brüder und Schwestern auf den Stationen Besorgungen erledigten und Einkäufe tätigten.

Heikel immer das »Meßwein-Problem«. Absolut rein vergorenen Traubensaft — woher ihn nehmen?

Dieser Wein war verläßlich aus Portugal über Macao zu beziehen. Ich kannte die Quellen.

Soweit gut und schön. Aber ... laut Gesetz durfte Meßwein nach Hongkong nicht importiert werden.

»Autorisierter Meßweinschmuggler« — eine neue Würde in meiner »Amtskisten-Bürde«.

Die Polizisten kannten mich. Sie waren vom Hongkong-Government informiert worden.

»Lagrimas Christi«, von kirchlicher Stelle als Meßwein zugelassen. Ausfuhr von Macao keine Schwierigkeit.

So kamen »Tränen Christi« in meinen Handkoffer.

In Hongkong war ein »festgelegtes Vertuschungs-Manöver« erforderlich. Rechte Hand trägt Schmutzwäsche-Koffer, linke »Meßwein-Koffer«.

Vorgang an der Zollstelle: »Father Weidinger«, allen Beamten ein Begriff, »Gepäckskontrolle bitte!«

Der linke Koffer lag schon auf dem Tisch. Und noch bevor ich ihn öffnen konnte. »Danke, okay.«

»Den anderen bitte.«

Wer kann verbieten, verschwitzte Hemden in die Wäscherei zu tragen?

Und von Hongkong traten die Flaschen den weiten Weg in die entferntesten Missionsstationen Chinas an. Wurden zum Mysterium Christi. Zum Geheimnis des Glaubens.

Durch die Machtworte der Wandlung.


Unsere Druckerei in Macao benötigte Papier.

Papier hatte in dieser Zeit des Aufblühens von Handel und Wirtschaft nach dem Krieg an den Küsten Chinas Goldes Wert. Schiffe brachten die Ladungen aus Finnland.

Ein Gewährsmann informierte mich über das Anlegen dieser Schiffe in Hongkong. Weil der Hafen dort buchstäblich verstopft war und die Schiffe mit Tiefgang oft tagelang auf hoher See kreuzten.

Um Mitternacht brach ich immer auf.

Um 2 Uhr wurden Berge von Papierrollen umgeladen, vom Überseedampfer Finnland — Hongkong auf ein Linienschiff Hongkong — Macao.

Ich kam kaum zum Schlafen.

Es galt jetzt, die günstige Gelegenheit zu ergreifen und Gutes zu tun. Denn wer kannte schon das Morgen.

1947, 1948. Maos Macht wird immer stärker spürbar.

Er geht eigene Wege. Steigt aus dem russischen Boot. Strebt mit aller Macht die Alleinregierung in China an.

Tschiang Kai-schek, unterdessen Christ geworden, hatte ein gutes Verhältnis zur katholischen Kirche.

Ihm war es zu verdanken, daß das Christentum in China endlich die Freiheit erlangte.

Deshalb hieß es: »Wer Zeit nützt, hat Zeit gewonnen.«


## Die Glocken des Herzens hell erklingen

Es ist bereits Herbst 1947.

Von daheim habe ich viele Jahre nichts gehört.

Da, auf einmal . . .

Hart ging's her. Drei Tage lang war ich mit einer chinesischen Dschunke unterwegs. Hatte im Distrikt Shiu-Chow Bücher verladen.

Jetzt liege ich auf meiner Strohmatte, todmüde.

Glockengeläute dringt an mein Ohr, wird immer lauter. Ich werde wach, reibe mir die Augen. Doch die Glocken schweigen nicht. Ich gehe zum Fenster und öffne es.

Es ist die Zeit des Vollmondes. Die große rote Scheibe hängt am fast hellen Himmel. So unsicher, als würde sie jeden Augenblick in das Meer stürzen, das sich hier ganz unscheinbar mit dem Perlfluß-Delta vermählt. Süßsalzige Luft, von Fluß und Meer geprägt, mit dem klaren Nebengeschmack von schlammiger Lößerde, streicht mir um das Gesicht.

Irgendwo in der Stadt Macao heult ein Hund auf. Ob bei einem Chinesen oder bei einem Portugiesen, ob bei einem Eurasier zu Hause — der Ton verrät es nicht.

Ansonsten ist es ruhig.

Das Glockengeläute in meinem Ohr übertönt das Kommando des Schichtwechsels, das soeben in der Polizeistation gegenüber gegeben wird und der Gruppe den Befehl erteilt, loszumarschieren, Posten in der Stadt zu beziehen.

Noch etwas.

Ein Rikschakuli hat einen Gast vor seiner Wohnungstür abgesetzt und feilscht jetzt um jeden Sen, der ihm vorenthalten werden könnte.

Da und dort strolchen Bettler durch die Gassen, suchen von Haus zu Haus im Abfall. Es sind Flüchtlinge, die sich vor Mao Tse-tungs Helfern in Sicherheit bringen wollen. Man hört nur hin und wieder den blechernen Ton ihrer Sammeldosen.

Die Palmen unten am Meere, sie lassen ihre Wedel gespenstisch im Mondlicht leuchten.

Rot und Olivgrün vereinen sich zu einem Violett.

Eigenartig, Violett gilt als Farbe des kosmischen Bewußtseins, das die Welt als harmonisch geordnetes Ganzes sieht, keine Teilung kennt.

Mir aber wird es zu einem schleierhaften Vorhang, der in milder Barmherzigkeit etwas zudecken möchte. Es gelingt ihm nicht, denn jäh reißt er entzwei.

Ich schließe das Fenster und gehe weg.

Noch einmal heult der Hund auf. Von weither kommt das nächtliche Gejammer. Dann ist es still.


Es muß gutes Öl sein. Kein Paraffin, sondern fetter Saft reifer Oliven.

Das Licht vorne am Altar, es brennt so gleichmäßig, so ruhig, fast gelassen.

Machen es die geschlossenen Fenster aus?

Hart ging's her. Drei Tage lang war ich mit einer chinesischen
Dschunke unterwegs.

Oder ist es das heilige Schweigen des Raumes, unserer Missionskirche, in menschenleerer Nacht?

Ich lasse mich nicht täuschen. Die Ruhe ist nur scheinbar. Weil die Glocken weiterläuten, mit ihrem seltsamen Klang, der nicht von hier ist und doch so vertraut. Von weither kommen muß, trotzdem ganz herznahe wird. Mir fern scheint, nicht unbekannt. Himmlisch anmutet, aber ganz irdisch ist.

Widersprüche. Ob es die gibt?

Ob unser Leben selbst nicht oft ein Widerspruch ist?

Wenn Mütter sterben . . .

. . . dann läuten die Glocken des Herzens.

Lang habe ich in dieser Nacht in unserer Missionskapelle gebetet.

Schäme mich auch nicht und sage es: Ich habe geweint. Es waren Tränen des Dankes.

Mitternacht war vorüber. Ich ging zurück in meine Zelle. Die Heimat lag weit weg. Mehr als 10.000 Kilometer.

Aber eindeutig und klar habe ich das Glockengeläute von dort gehört.

Suggestion? Beeinflussung eines Menschen?

Fernfühlen, Telepathie oder Hellsehen?

Ich schlage jetzt, ohne eine bestimmte Absicht, die Bibel auf. Mein Blick fällt unwillkürlich auf die Stelle Johannes, 17. Kapitel, Vers 24.

»Vater, ich will, daß alle, die du mir gegeben hast, dort bei mir sind, wo ich bin.«

Mein Vater war bereits neun Jahre zuvor gestorben, kurz nachdem ich nach China gegangen.

Ich bin gerade mit der Vorbereitung auf die Subdiakonatsweihe beschäftigt, die mir am 7. Dezember 1947 der Bischof von Macao, Johannes von Gott Ramalho SJ, erteilen wird.

Und ich lese nun weiter. Die Beziehung Jesu zu SEINEM Vater betrachtete ich nie und sehe sie auch heute nicht als isoliert. Ohne mich und dich miteinzubeziehen.

»Sie sollen meine Herrlichkeit sehen, die du mir gegeben hast, weil du mich schon geliebt hast vor der Erschaffung der Welt.«

Wenn Mütter sterben.

Sterben Mütter überhaupt?

Allerseelentag.

Don Giovanni Guarona war sichtlich erregt.

Ansonsten ein in der Missionsarbeit herangereifter Mann, der scheinbar kein Eigenleben führte, sondern seine Berufung einfach darin sah, für andere dazusein.

»Weidinger«, sagte mein Direktor, mit Betonung auf dem zweiten »I«. »Fassen Sie sich. Ich habe keine gute Nachricht. Male, molto male!«

». . . Herr Direktor, ersparen Sie sich alle weiteren Worte, denn . . .« Ich unterbrach mich. Ein wenig zu schroff schien mir meine Rede zu sein. Die Hand des Vorgesetzten zuckte nervös auf und ab. Der Brief, den sie hielt, fing ebenfalls zu zittern und zu flattern an.

»Die.« Auf dieses Wort zeigte er. — »Morto, tot!«

»Die Mutter ist gestorben«, hieß es da. Und Don Guarona weiter: »Mother dead. — La mamma morta.«

»Eine eigenartige Verwechslung«, dachte ich. Ein Verdrehen deutscher, italienischer und englischer Wörter.

»Herr Direktor, heute ist Allerseelentag. Ich bin viel in der Kirche und bete. Für meine Mutter. Ja, ich weiß es schon lange, daß sie tot ist. Ich habe die Glocken am Begräbnistag meiner Mutter läuten gehört.«

Don Guarona schüttelte bloß den Kopf.

»Vada, col Signore.« »Geh, mit Gott.«

An einem Sonntag im Oktober 1947. Der zwölfte Tag.

Mein Heimatort ist von den Russen besetzt, die gegenüber meinem Elternhaus, im Schlosse, die Kommandantur aufgeschlagen haben.

In der Pfarre Felling feiert die Pfarrgemeinde das Erntedankfest. Zum Abschluß wird das Marienlied gesungen
»Geleite durch die Wellen«.

»... zum ewigen sonnenhellen — geweihten Friedensort
... Maria, Maria, o Maria, hilf.«

Da wird mein Bruder Rudolf unruhig. Eine panische Angst
erfaßt ihn. Er stürmt hinaus und heim zu. Blickt dabei auf die
Uhr, es ist 10 Uhr und 45 Minuten.

Als er in das Austragsstüberl eilt, in dem meine Mutter
wohnte — sie war morgens liegengeblieben, weil sie »so müde
und damisch« war —, kommt ihm eine Flüchtlingsfrau entgegen, die sie öfters besuchte. Rudolf fand die Mutter lächelnd eingeschlafen. Während des Erntedankes war sie
friedlich hinübergegangen.

Zwei Tage später wurde das Sterbliche an ihr auf dem
Grenzfriedhof Felling der Erde zurückgegeben.

Das Begräbnis — ein Triumphzug. Für eine Frau, die
einfach und schlicht gelebt hat, demütig ihren Pflichten nach-
gekommen war.

Von weit und breit strömten die Menschen herbei.

»Die Bettler, die Armen und die Notdürftigen schienen
sich in Prozessionen einzustellen.« So ein Augenzeuge.

Unser Sterbetag ist der Erntedank.


*Weizen Gottes bin ich*

Zum Altare Gottes will ich treten.

Zu Gott, der mich erfreut von Jugend auf.

Ich bringe immer noch Bücher nach China, werde oft
streng kontrolliert. Der Einfluß der Kommunisten ist unver-
kennbar. — Macht mir ein Postamt Schwierigkeiten, dann
unter tausend Anstrengungen weiter bis zum nächsten. Vielleicht gelingt es dort.

Mao versuchte den Eindruck zu erwecken, er wolle nur Ordnung schaffen und die Korruption ausmerzen.

China aber war nicht mehr China. Ein Gifthauch hatte alles spürbar erfaßt. Der Wechsel war kaum zu übersehen.

Die Kommunisten hielten die Regierung Gesamtchinas fest in ihren Händen. Wußten, was sie wollten — taten es auch.

Schade, daß ich es nicht wiederfinde.

Liebte ich es doch so sehr, dieses Seidenband, mit dem mir Bischof João de Deus Ramalho die Hände nach der Priesterweihe zusammenband. Eine sinnträchtige Handlung. — Mit gebundenen Händen.

Nicht, um dadurch behindert zu sein, sondern um frei zu sein für Gott und den Nächsten.

So steht das Jahr 1948 für mich im Zeichen der Vorbereitung auf das Priestertum, dem ein gründliches Studium vorausgehen muß. Das Bischöfliche Seminar in Macao war straff geführt. Manche der Professoren hatten vorübergehend wenigstens in Innsbruck bei den Jesuiten studiert.

Es wurde viel verlangt. Die Prüfungen waren seriös, streng, gleichzeitig aber rücksichtsvoll. Und als ich am 8. Dezember 1948 die Diakonatsweihe empfing, hatte ich auch alle meine Studien abgeschlossen.

Nun konnte ich mich ganz auf das Priestertum konzentrieren, dem ich entgegenging. Um Mittler zwischen Gott und Mensch zu sein.

Priester sind gebunden an das Fundament der Kirche. Sie bringen Christi heilsmittlerisches, priesterliches Wirken in Raum und Zeit zur Geltung.

Vom 18. bis 27. Jänner 1949 zog ich mich nach Hongkong zurück, in Sao kei-wan machte ich die heiligen Exerzitien. Kurz vorher war ich 31 Jahre alt geworden.

Aus meinem Tagebuch von damals:

»Nie werde ich mich weigern zu predigen. Obwohl es mir gar nicht leicht fällt. Ich habe nämlich Angst. Werde vorher schon sehr nervös. Das kann so weit gehen, daß ich mich sogar krank fühle.

Ich will mich immer gut darauf vorbereiten, durch Studium, aber ganz besonders durch das Gebet.

In allen meinen Predigten und Ansprachen möchte ich die Güte Gottes zu den Menschen durchblicken lassen.

Dem Herrn gegenüber will ich großzügig sein. Keine Arbeit ablehnen. Keiner Demütigung ausweichen. Jedes Wort, das mir weh tut, wieder vergessen.«

Der 31. Jänner 1949. Festtag des heiligen Johannes Bosco. Mein Weihetag. In der Seminarkirche von Macao wurde ich gemeinsam mit fünf Portugiesen von João de Deus Ramalho zum Priester geweiht.

Nun waren meine Hände gebunden. Bis in alle Ewigkeit gebunden.

Am nächsten Tag, dem 1. Februar, durfte ich zum ersten Mal das heilige Meßopfer darbringen.

Die Meßfarbe war Rot. Zeichen der aufopfernden Liebe.

Am Gedenktag des heiligen Apostelschülers und Glaubenszeugen Ignatius, Bischof von Antiochien. Er selbst schrieb vor seinem Tod in der Arena: »Weizen Gottes bin ich. Gemahlen erst von den Zähnen der Tiere, werde ich als reines Brot Christi empfunden.«

Und mein Primizgeschenk?

Die gute Schwester Elisabeth Peters von den Maria-Hilf-Schwestern, die unsere Küche besorgte und die Buchhandlung betreute, was tat sie?

Zu meiner großen Überraschung gab es bei der Mittagstafel anstatt Reis mit Stäbchen gegessen, diesmal echte Knödel und dazu Messer, Gabel und Löffel.

Weiß Gott, woher sie das hatte.

Ich bin ihr ewig dankbar.

Eine Überzeugung konnte mir niemand nehmen.

Bis heute halte ich daran fest:

Daß es besondere Gnadenstunden gibt.

Das sind die Augenblicke, wo das Überschattetsein von der Macht Gottes spürbarer und sichtbarer wird als sonst.

Der Priester? Werkzeug Gottes. Verwalter der Gaben des HERRN. Vermittler zwischen IHM und dem Menschen. Als Be-Ruf-ung und Auf-Trag.

Jede Taufe, die ich spende, ist ein »Mit-Teilen«. — Jede Hostie, die ich reiche, ist ein »Teil-Nehmen«. — Jedes heilige Meßopfer, das ich feiern darf, ist ein »Hin-Geben«. — Jede Lossprechung, die ich erteile, ist ein »Los-Lösen«. — Jede Firmvorbereitung, die ich halte, ist für mich selbst ein »Im Geist-Erstarken«. — Jede Krankensalbung, die ich spende, ist ein »Koffer-Packen«. — Jede Eheschließung, die ich segnen darf, ist ein »Christi-Bündnis«.

Jede Wort-Gottes-Verkündigung ist für mich »Auftrag und Bewährung« in einem. Weil ich felsenfest an das glaube, was ich sage und vollziehe.

Bei der Priesterweihe und während des ersten heiligen Meßopfers habe ich mir zwei Gnaden erbeten.

Die Gabe des Wortes.

Und die Beharrlichkeit im Guten.

Bis zum letzten Atemzug.

Mit gebundenen Händen. — Die Gabe des Wortes, gesprochen, geschrieben, habe ich mir erbeten.

## *Die Terrasseninsel im Visier*

Hongkong, Herbst 1951.
Hager und abgemagert saß er da.
Zog an seiner Havanna und roch an der Glut.
Vorsichtig aber, wie er es als Diplomat war, damit dem Bart ja nichts zustößt. Der Vertreter des Vatikans, Erzbischof Antonio Riberi, Internuntius in China.

Aus dem Gefängnis von Shanghai entlassen, von der »Roten Macht« Maos am 5. September 1951 aus China vertrieben, zusammen mit 14 Bischöfen und 1.136 Missionaren, gab er sich dennoch nicht geschlagen.

Ich saß neben dem Erzbischof. Im Kloster von »Maryknoll«, dem Zentrum der amerikanischen Missionsgemeinschaft, mit der ich besten Kontakt pflegte und die unsere Bücher fleißig verbreitete. Hier hatte ich einen besonderen Freund, Bischof Rudolf Pashang. Er war, von seiner Missionsstation am Tungkiang-Fluß vertrieben, auch in dieses Kloster geflüchtet.

»Maryknoll«, im entlegensten, nordwestlichsten Teil Hongkongs. Der Hof des Klosters ist zum Meer hin offen. Zackige Felsenriffe zwingen, den Kopf höher zu halten, will man die Unendlichkeit des Meeres in seine Gedanken aufnehmen. Doch auch diese »Un-End-lichkeit« hat Grenzen: Es ist nur ein kurzer Flug hinüber zur Terrasseninsel.

Inselstaat im Südchinesischen Meer: Taiwan, Formosa. Eine rote Flagge mit weißer Sonne auf blauem Grund weht darüber. Als Nationalchina ist Taiwan der Zufluchtsort für Tschiang Kai-schek und den Rest seiner Truppen.

Der Internuntius hob seine Havanna, die schon ein schönes Stück verglimmt war, zeigte in die Ferne, stand auf. Unendlich groß schien er mir jetzt.

»Sie, Don Weidinger, und ich, dort müssen wir Neues aufbauen. Weg vom Alten und Eingefahrenen. So, wie Ihre Bücher neue Wege weisen. In einem Chinesisch, das chinesisch ist, nicht europäisiert.

Die Laien müssen wir aktivieren.

Diese Insel dort, die wollen wir in Brand stecken.

So, wie es uns Edel-Mary Quinn in Afrika mit der Legio Mariens ganz konkret vorgelebt hat.«

Die Terrasseninsel im Visier. Klar in Sicht.


Drei Jahre vorher. Eine ganze Woche war ich unterwegs, bis ich mich endlich in der Residenz von Bischof Pashang wie daheim fühlen konnte.

Schlafen, ohne daß einen die kleinen runden, ekelhaft stinkenden »Dinger« quälen — das war jetzt nach Tagen der Traum meines Lebens.

»Ja«, sagte der Bischof, »das mit dem Heiligen und dem Japaner? — Na ja. Es wäre beinahe zum Lachen, wenn es nicht zum Weinen wäre.« — Nun erfuhr ich Näheres.

Der Krieg geht dem Ende zu. Japaner und Chinesen, Angreifer und Verteidiger, wechseln beständig die Rollen. Es gibt viele Verwundete, die Missionsstation wird zum Lazarett. Der Bischof trägt das Allerheiligste weg, läßt Notbetten in der Kirche unterbringen.

Der Mond scheint auf den Hochaltar.

Ein Fiebernder starrt gebannt dorthin.

Sankt Michael: »Wer ist wie Gott?« Mit dem Schwert geht er auf Luzifer los. Vertreibt ihn. Stürzt ihn ins Ewige Feuer. — Die Statue ist in Gold, Silber und wuchtigen Farben lebendig gestaltet.

Da wird der Japaner wild und schreit: »Himmel auch auf Chinas Seite.« Nimmt seine Hiebwaffe und haut Michael den

rechten Arm ab. Seitdem ist der Erzengel in der Missionskirche »der Amputierte im Himmel«.

China wurde befreit und von Mao kassiert.

»Wir fangen neu an.« Meinte Bischof Pashang. »Ich bin
alt. Ein Mitbruder geht nach Taichung, in Mittelformosa, und
wir übernehmen dort eine Diözese.«


## Leben, das aus dem Meer stieg

Ein malaiisch-polynesisches Urvolk.

Seit undenklichen Zeiten auf der Insel.

Einwanderungswellen aus den chinesischen Südpro-
vinzen setzten um 700 n. Chr. ein. Die Urbevölkerung wurde
in das Innere des Landes verdrängt. Sie besiedelt jetzt vor
allem gebirgige Gegenden.

1590 entdeckten Portugiesen die Insel und nannten sie
»Ilha Formosa«, die »Schöne Insel«.

Spanier lösten Holländer als Kolonialherren ab.

1683 wurde die Insel von den Chinesen erobert.

1884/85, im Vertrag von Schimonoseki, mußte Taiwan an
die Japaner abgetreten werden.

Alle Einwohner sprachen japanisch. Bis nach dem
Zweiten Weltkrieg Formosa für Japan verloren war. Am
1. März 1950 rief Tschiang Kai-schek die Republik aus.

»Vada nel nome di Don Bosco.« — »Geh mit Don Bosco.
Maria, Hilfe der Christen, begleite dich auf deinen Wegen.«

»L'uomo del sorriso.« Der stets lächelnde Don Braga,
Salesianeroberer in China, hatte mich und meinen Kameraden
Alfred Faist in der »Don-Bosco-Stadt« Turin im Mai 1938
offiziell aufgenommen. Von diesem Augenblick an fühlte ich
mich zu seiner Gemeinschaft gehörig.

Schon zu Beginn des Jahres 1951 schickte er mich nach
Formosa, »mit Don Bosco und der Gottesmutter«, aber ohne
Geld, auf mich selbst angewiesen, um für das begonnene

Mein ehemaliger Studienkollege Alfred Faist und späterer
Mitarbeiter auf Formosa.

Presseapostolat eine Ausdehnung zu finden. Der Weg der Bücher ins kommunistische China war doch verschlossen.

Dann erst stieß ich zu Internuntius Riberi.

So ist für mich Formosa zum Auftrag und zur Sendung geworden. Drei Jahre lebte ich dort, in Nationalchina.

Meine Tätigkeit führte mich auch auf die Inseln Quemoi und Matsu, die der Festlandküste vorgelagert sind, nahe der Provinz Fukien, dem Ursprungsland des Wortes Tee. Dort stand das Wort »T'e« immer noch in Gebrauch. 276 n. Chr. hat der chinesische Literat Kuo-Po das Teeblättergetränk »Tschuan« genannt. Jetzt heißt es »Ch'a«. Bis heute kann ich die Beziehung zum »Tee« nicht leugnen.

Mitten in Taipeh, der Hauptstadt von Taiwan, lag dieses Gebäude, das ursprünglich nur aus Pfeilern und Decken bestand. Hier schuf ich auf Wunsch des Internuntius Riberi ein »Katholisches Zentrum«. Und als Bischof Kuo von Taipeh es einsegnete, war ein Stück schwieriger Arbeit geleistet. Dieser Tag wurde zu einem Jubelfest der Kirche.

Die Legio Mariens hatte dort ihren Sitz, ebenso die Katholische Arbeiterbewegung. Ich war für den Informationsdienst, die Kapelle, die Teestube, die Buchhandlung und für den gesamten Betrieb zuständig.

Das Regierungsgebäude, zu dem täglich Tschiang Kaischek angefahren kam, befand sich gebenüber. Mehrmals wurde ich von ihm eingeladen. Ich durfte ihm sogar eine Christusstatue besorgen, vor der er täglich Bibellesung hielt.

Im Süden, in Kaoshiung, entstand ein zweites Zentrum. Der spanische Dominikanerbischof war überglücklich. »Von zwölf Uhr mittags bis vier Uhr nachmittags sieht man unter der sengenden Sonne keinen Hund auf der Straße, außer Padre Henrique.« — Daß man mich immer tätig sah, das stimmte. Und das mit dem Hund . . .?

Die katholischen Schwestern in ihrem Krankenhaus griffen mir fest unter die Arme. Ich hielt für die Ordensgemeinschaft Exerzitien und hörte Beichte.

Eines Nachts rief mich Schwester Edeltrudis. Eine junge Mutter war nach der Geburt gestorben. Ich war entsetzt, als ich beim Betreten des Krankenzimmers eine große Blutlache unter dem Bett sah, war doch am Abend diese Mutter noch wohlauf gewesen.

Am nächsten Tag kam ihr Gatte, Offizier beim Heer, der seine erste Frau bei einem Autounfall verloren hatte, mit seiner Kinderschar zum Totenbett. Ein gläubiger evangelischer Christ, das Neugeborene, einen gesunden, kräftigen Buben, im Arm, stimmte er das »Halleluja« an. — Gott sei gepriesen.

Unser neues Buchzentrum war bereits eröffnet. In einem alten adaptierten winzigkleinen Warenlager hatte ich eine Notwohnung eingerichtet. Und einen Raum, in dem ich für Aussprachen zur Verfügung stand.

Ein gesunder junger Mann, ein strammer Offizier, erbittet die Krankensalbung. Ich spende sie ihm.

Um elf Uhr nachts verläßt er mich. Um Mitternacht geht es los. Jetzt weiß ich seine Bitte umso höher einzuschätzen: Er zählte zu einem Sonderkommando, das von Quemoy aus geheim in Maos Reich geschleust werden sollte. Ich habe nichts mehr von ihm gehört.

Einfach und doch nicht ganz unkompliziert schien mir mein Quartier japanischer Bauart zu sein. Ausgerechnet über mir befand sich nämlich eine Gaststätte. Das Abflußrohr, an das auch die Toilette angeschlossen war, führte am Kopfende meiner Liegestatt vorbei. Der Raum hatte nur ein ganz kleines Guckfenster.

Es dürfte schon Mitternacht vorüber gewesen sein — kurz vorher war ich zu Bett gegangen, ich schlief bereits wie ein Murmeltier — als ein heftiges Erdbeben die Insel Formosa erschütterte. Außergewöhnlich stark war es im Süden um Kaoshiung zu spüren.

O Jammer! Laßt mich schweigen. Im Telegrammstil sei dennoch meine mißliche Lage verraten.

Verstopftes Abflußrohr zerplatzt. Liegestatt zusammen-gebrochen. Kopf im Moskitonetz verstrickt. Mit dem »Segen« von oben übergossen. Tür verklemmt. Ausgang durch das Fensterl gefunden.

Arm, meine Haut. Sie wuchs zu meinem Glück nach.
Und auch auf Formosa ist das Wasser naß.
Wäscht manches weg.

Die Fracht wurde von mir in Hongkong geladen. Sie ging nach Formosa, zum Hafen Keelung.

Die Brüder des heiligen Kamillus hatten nördlich der Hauptstadt ein Krankenhaus eröffnet. Hier gab es jetzt für sie sehr viel Arbeit.

Da kommt eines Tages ein junger Bruder aus Italien an. Seelenruhig geht er daher. Seine schweren Koffer hat er einem Kuli anvertraut, der vorsichtshalber schon vor der Leistung die Bezahlung forderte und erhielt.

»He, Bruder, nicht so pomali hinter dem Träger nach-marschieren, er könnte Ihnen mitsamt Ihrem ganzen Kram abhauen.«

»Herr Pater, das macht nichts. Die Schlüssel der Koffer habe ich in meiner Kuttentasche.«

Er behielt sie auch, die Schlüssel. Die Koffer aber sah er nie wieder. Und ich behielt recht.

Vorsicht ist besser als Nach-Sehen.

Ein Tee wie Wein. K'un-Pu-ch'a.

Die Mönche vom Großen Sankt Bernhard hatten nach dem Einmarsch der Mao-Armee ihr Missionsgebiet in Tibet ver-loren. Einer ihrer Mitbrüder ward Blutzeuge.

Die Bernhardinerhunde, als Leit- und Suchhunde in den unwirtlichen Pässen des Hochlandes eingesetzt, wurden ihnen weggenommen. Man schlachtete und verzehrte sie.

Fünf Missionare flohen nach Formosa. Ich konnte ihnen ein Notquartier verschaffen.

Später übernahmen sie im Hochland der Insel ein neues Missionsgebiet.

Ich hatte dort bei den Eingeborenen öfters zu tun. Sie waren mit der uralten Kultur Taiwans engstens verbunden. Warteten mir ein Getränk auf, das süßsäuerlich schmeckte, bei dem heißen Klima prickelnd und erfrischend durch die Kehle rann.

War es Wein wie köstlicher Tee? Oder ein eigenartiger Tee wie seltener Wein? Dazu kam die Feststellung, daß ich mich nach einem solchen Trunk jedesmal nicht nur gestärkt, von allen Strapazen der umständlichen Wanderung erholt, sondern auch gesünder fühlte.

»Tze shi sap mo?« — Was ist denn das?

»K'un-Pu-ch'a.«

Ich war erstaunt. »Leben, das aus dem Meere stieg«-Tee, heißt das ja.

Nach Jahrzehnten rückte die Erinnerung an das Getränk in den Bergen Taiwans wieder näher heran.

»Herr Pfarrer, was halten Sie vom Kombucha-Teepilz?« Die Fragen häuften sich.

Schließlich sprach ich darüber in einer Fernsehsendung.

Wir nannten sie alle nur Loretta.

Eigentlich hieß sie Maria Loretta Leen.

Sie hatte an der Universität Sprachen und Philosophie studiert, mußte aber krankheitshalber ihr Studium abbrechen. Als eifriges Mitglied der Legio Mariens kam sie bald zu meiner Gruppe.

Eines Tages stellt mir Loretta ihren »heng tai«, ihren Bruder, vor, einen strebsamen jungen Mann im Offiziersrang, der jede freie Stunde nützte, um bei uns sein zu können.

Wie war ich überrascht, als mich Loretta eines Tages fragte, ob ich kommenden Samstag um 15 Uhr frei wäre.

»Wenn es wichtig ist?«

Es war wichtig. Denn Loretta hatte Hochzeit.

Junge Mitarbeiterinnen in Taipeh. Zweite von links:
Loretta Leen, die ihren »Bruder« heiratete.

Ja, wen sie denn heirate?

Unglaublich schien mir die Antwort: »Meinen Bruder.«

Josef Leen, ihr »Bruder«, hatte den gleichen Familiennamen wie sie und stammte aus demselben Dorf, wo alle »Leen« hießen und als »Verwandte« betrachtet wurden.

Loretta und ihr Bruder haben mich wieder um ein Stück »gescheiter« gemacht.


## Ein Käfer wird zum Tintenfisch

Mitbrüder waren nach Taipeh gekommen.

Wir hatten eine kleine Gemeinschaft.

Ein Lazaristenpater aus Holland, ein Jesuit aus Frankreich und einige Chinesen bezogen bei uns Wohnung.

Der Internuntius ist mit der Arbeit zufrieden.

Bis er eines Tages mit einer neuen Idee hereinplatzt. Wie aus heiterem Himmel.

»Pater Weidinger, ich schicke Sie auf eine Weltreise. Sie werden alle jene Zentren besuchen, wo viele Chinesen wohnen, und mit ihnen Kontakt aufnehmen. Zwei Absichten habe ich damit verbunden.

Erstens gibt es so viele Flüchtlinge, die China verlassen haben, weil sie keine Kommunisten sind, und entwurzelt in aller Welt leben. Wir müssen sie zusammenhalten, damit sie Chinesen bleiben und sich nicht heimatlos fühlen.

Zweitens werden Sie Ihre Bücher verbreiten, neue Zentren schaffen und nach Beendigung Ihrer Reise wieder nach Taipeh zurückkehren. Sie erhalten ein Flugticket der Pan American über Japan, Alaska, Kanada, die USA, Portugal, Spanien, Holland, Belgien, Rom, Wien, Australien, die Philippinen und Siam zurück nach Formosa.

In Rom wird Staatssekretär Montini mit Ihnen Gespräche führen. Er ist über alles informiert. Ja, Sie werden in seinem Auftrag reisen.«

Im Auftrag des Vatikans. Nach einem Gottesdienst
verabschiedete mich der Erzbischof für die Weltreise.

Eine großartige Idee. Eine ehrenhafte Aufgabe.
Herr, gib mir die Kraft dazu.

Die Papiere waren angekommen.
Ich hatte die Erlaubnis.
Bei meinem Flug um die Welt war Tokio als erste Zwischenstation vorgesehen. Es war im März.
Die große Weltreise konnte losgehen. Da machten mir die »Ka Tscha's« einen Strich durch die Rechnung.
Mein Mitbruder Johannes Rauh aus dem Bayrischen Wald, ein tüchtiger Chemiker, benötigte für die Tintenerzeugung Bindestoff.
Ich lieferte Zuckerrohr-Sirup und er, als Gegenleistung, die Schreibtinte für unser Gesamtbüro.
Die »Ka Tscha's«, große braune Käfer, bis zu 60 mm lang, hatten eine besondere Vorliebe für Kleister und Zucker. Daher verschmähten sie auch unsere Tinte nicht. Selbst der Einband meines funkelnagelneuen Breviers, das Geschenk eines Wohltäters, fiel ihnen zum Opfer.
Eines Morgens wehte der Wind die Blätter durchs offene Fenster hinüber zu Tschiang Kai-scheks Kanzlei.
Diesmal, vom Reisefieber befallen, sollte ich gründlich abgekühlt werden, denn . . .
Auf meinem Schreibtisch lag die Einreisegenehmigung nach Japan. Da marschiert so ein Mordskäfer daher.
Laß dich nie vom Jähzorn packen. »Auf großen Zorn folgt lange Reue.«
Ich sah das Biest, hob die Rechte, ballte sie zur Faust und ließ sie mit Wucht fallen. Auf den Rücken des Besagten. — So einen großen Tintenklecks hatte ich während meiner langen Schulzeit nie gesehen.
Der Käfer war tot. Mein Einreisedokument hin.
Und ich ritt weiter den Amtsschimmel.
Ja, wenn Käfer zum Tintenfisch werden . . .

## Hua Ming Press, Licht über China

Hinter dem Bambusvorhang tropft das Blut der Märtyrer.
»Die Schwärze, mit der wir unsere Bücher drucken, ist wie das Blut der Glaubenszeugen. Neuer Keim der Kirche.«
Die Delegierten in Vancouver, Kanada, waren erstaunt über unsere Arbeit. Mein Referat kam gut an.
Chinesische Wissenschaftler, Sprachexperten, Dozenten und Professoren von Hochschulen, alle Katholiken, hatten sich hier zu einem Kongreß eingefunden.
Kontakte wurden geknüpft, Vereinbarungen getroffen. Die Zeitungen brachten Schlagzeilen und Titelseiten.
»Bücher für Christus«.
»Ein Missionar bringt Licht über China.«
»Während die Roten bemüht sind, ihre diabolische Verfolgungsjagd und kunstgerechte Gehirnwäscherei im Festland China durchzuführen, bemüht sich eine Gruppe Geistlicher und Laien, gute Ideen in attraktiven Büchern und Flugschriften in Formosa, Hongkong und Macao zu verbreiten. Bald werden sie auch ein anderes Zentrum in Singapur eröffnen. Fällt der Vorhang, will die Hua Ming Press Licht über ganz China tragen.«
»Die Hua Ming Press hat es erkannt, den Glauben auch dem Mann auf der Straße zugänglich zu machen.«
»Vom Monat Mai bis Dezember 1952 haben 17.628 Personen in der Hauptstadt des Freien Chinas, Taipeh, den Leseraum der Hua Ming Press besucht und aus der Leihbibliothek monatlich mehr als 300 Bücher entliehen.«
Viele Stationen hatte ich zu durchlaufen, quer durch Kanada und die Vereinigten Staaten von Nordamerika. Mit dem Flugzeug, mit Linienbussen, aber auch per Autostop.
Ein Flug wurde mir nach Anchorage angeboten. Hemlocktannen, Sitkafichten und Rotzedern sah ich in ihrer Heimat, in Südalaska.
In Toronto saß ich lange bei Seiner Exzellenz dem Erz-

Juni 1953 in Vancouver, Kanada.
Nach meinem Referat vor chinesischen Wissenschaftlern,
Sprachexperten, Dozenten und Professoren.

bischof, ein Mann der Innerlichkeit, bei dem jedes Wort überzeugend wirkte. Kurz darauf erfuhr ich, daß er auf sein hohes Amt verzichtet hatte und als einfacher Missionar nach Afrika gegangen war.

In Quebec war ich Gast der »Auslandsmissionare«. Von dort aus hatte ich Gelegenheit, viele Kontakte zu knüpfen, hielt chinesische Gottesdienste und predigte.

Rührend war die Brüderlichkeit und die Gastfreundschaft, die ich überall erfahren durfte:

Nach einem Gottesdienst spricht mich der Mesner an. Ich möge doch gleich in die Wohnung des Herrn Kanonikus kommen. Er würde mich zum Frühstück erwarten.

Wie überrascht war ich aber, als mich im Vorraum die Haushälterin, eine nette Person, aufforderte, in Hausschuhe zu schlüpfen. Sie hat mich dabei in ärgste Verlegenheit gebracht. Um ehrlich zu sein, meine unterste Etage war sehr abgetreten und verbraucht.

So saß ich in feinen Pantoffeln und alten Socken im Speisezimmer. Der ältere hohe Geistliche verstand zu geben. Für Leib und Seele.

Kopfhoch verließ ich das Haus. Denn in neue schwarzlackierte Halbschuhe mußte ich meine breitgetretenen Zehen zwängen.

Meine alten Treter blieben verschwunden.

Der Rechte hatte buchstäblich keine Sohle mehr. Ich ging auf dem Socken.

Später hörte ich Erstaunliches. Im Missionsmuseum von Quebec steht ein Paar abgetretener Schuhe. Mit der Bezeichnung »Apostolische Spuren«.

Etwas zu verheimlichen hat gar keinen Sinn.

Denn einmal kommt doch alles ans Licht.

So ist es auch mit der »Causa« meines abgetretenen Schuhs. Schuld daran war mein kürzerer rechter Fuß.

Es liegt Jahre zurück. Während der japanischen Besetzung

Bei der Eröffnung der »Hua Ming Press« in Taipeh.

ging ich in Kanton an einem militärischen Stützpunkt vorbei. Auf weißem Grund die rote Sonne, die Fahne des Kaiserreiches Japan, sie wehte von einem Mast.

»Ko kung«, hieß es.

Stehenbleiben. Verneigen. Bückling machen. Was ich nie in meinem Leben tat und nicht ausstehen konnte.

Gezwungen, machte ich es, ehrlich gesagt, »recht billig«. Wurde angebrüllt wie in einem Wildtierzoo.

Bückte mich ein zweites Mal. Und weil es nicht genügte, auch ein drittes Mal.

Höher brachte ich den Hintern nicht mehr hinauf und den Kopf nicht tiefer hinunter. Es war auch unnötig.

Mit dem Gewehrkolben wurde ich spitalsreif geschlagen, mein rechtes Knie derart verletzt, daß mein rechtes Bein seitdem kürzer ist — um zwei Zentimeter . . .


Die Lackschuhe vom Herrn Kanonikus aus Quebec.

Sie waren so herrlich und schmuckschön, aber für meine Zwecke nicht geeignet. Das sah in Saint Louis eine ehrwürdige Mutter der Herz-Jesu-Schwestern bald ein und schenkte mir richtige Cowboy-Halbstiefeln. Die hielten es aus, eine Zeitlang wenigstens.

Die lackierten hochwürdiger Herkunft landeten im Koffer. Jahre später, als ich schon im Pfarrhof in Harth im Waldviertel wohnte, standen sie im Schuhfach.

Kommt ein Bettler ins Haus.

Braucht zehn Schilling für den Bus ins Altersheim. Geht nicht leer weg.

Da fällt ihm noch ein, er hätte Hunger. Ich reiche ihm ein tüchtig bestrichenes Schmalzbrot.

Bei der Haustür angelangt, wirft er die Nase in die Luft und riecht »Mohnstrudel«, der in der Fensternische steht, zum Zwecke des Abkühlens. Den esse er für sein Leben gern. Er bekommt ein feistes Stück.

Beim Hinausgehen sieht er die Lackschuhe. Da zeigt er seine armseligen Fetzengamaschen vor, nimmt die Schuhe in Empfang und geht.

Was erfuhr ich später? Die zehn Schilling im Gasthaus in Rum umgesetzt. Und die Lackschuhe? Für ein zweites Stamperl eingetauscht.

So ist das Leben . . .


## An Türen klopfen, Vergelt's Gott sagen

Ich trug einen Bart.

Müde ging ich abends in Chicago zurück in das Saint Anthony Hospital, als eine Frau auf mich zukam.

»Rabbi, möge das Neue Reich des Alten Bundes in Israel wachsen und gedeihen. Möge ER Sie und Ihre zahlreichen Nachkommen mit reichlichem Segen übergießen.« Weg war sie. — Ich blieb katholisch, wurde kein Rabbi.

Den vollen Tag habe ich in der katholischen Kirche der »China-Town« Beichte gehört. Mit Menschen gesprochen. Vielen Trost gebracht. Ihnen, den Heimatlosen.

Zahlreich waren die Stationen, wo ich haltmachen durfte auf meinen Betteltouren durch Amerika.

Nicht nur sonntags predigte ich in den Kirchen. Die Pfarrer brachten es zustande, auch an Wochentagen die Kirchen voll zu haben. Dazu eigneten sich vor allem die Abendtermine. Ich spürte dabei die Offenheit der Herzen.

Von weither kamen die Menschen, die mir irgendwie helfen wollten. Und der Kontostand für mein Werk in »Free China« auf Formosa wuchs. Wir hatten diese Hilfe auch bitter nötig. Für unser weiteres Wirken.

An der Universität in Saint Louis sprach ich. Studentinnen hatten eine Aktion gestartet: »Einen Tag mit Father Weidinger«. Sie hielten durch.

Einblick in die große Auswahl der Weidinger-Übersetzungen,
»Licht über China«-Produktionen.

Morgens wurde ich nach dem Gottesdienst bei den Schwestern abgeholt, und tagsüber hatte ich Auto und Fahrerin für Besuche und Bittgänge zur Verfügung.

Eines abends fand ich einen Zettel auf meinem Quartier vor. Ein Wunsch war erfüllt.

»Bitte Dr. Kurt Schuschnigg ab 7 Uhr abends unter der Nummer 3-4330 anrufen.« — Prompt tat ich es.

Das dann zustandegekommene Gespräch im Gelände der Universität mit dem Mann, der brutaler Macht weichen mußte, war herzlich. Zählte ich doch als Horner Student zu den von ihm gegründeten vaterlandstreuen Sturmscharen. — Er lobte meinen Einsatz für »Free China«.

In Detroit. Ich werde in einen Club Industrieller eingeführt und erfahre tatkräftige Hilfe.

Und in New York durfte ich sogar an einem Bankett von Regierungsmitgliedern teilnehmen. Dabei lernte ich den Senator John F. Kennedy kennen. Den Mann, der von 1960 bis 1963 das Schicksal Amerikas als Präsident lenkte und dann einer Kugel zum Opfer fiel.

Fulton J. Sheen. In New York.

In den fünfziger Jahren für ganz Amerika ein Begriff. Als »Fernsehbischof« bekannt.

Seine Exzellenz war auch der Nationaldirektor des Päpstlichen Werkes der Glaubensverbreitung.

Mein Auftraggeber, Erzbischof Riberi, hatte ihn auf dem Dienstweg über mein Kommen informiert. Mit der Bitte, mich auf meiner Amerikatour zu unterstützen.

In der Rüstkammer des 69. Regimentes war man gerade dabei, anläßlich des hundertjährigen Bestehens der »SPF«, der »Society for the Propagation of the Faith«, dem Werk der Glaubensverbreitung in der Erzdiözese New York, eine Gedächtnisausstellung vorzubereiten.

Um vielen Menschen Gelegenheit zu bieten, sich über die Arbeit der Missionare in der weiten Welt zu informieren. —

Seelen für Christus gewinnen. Den Benachteiligten Hilfe gewähren. Den Guten Mut machen. Licht und Sonne in die Herzen vieler tragen. Das ist Sinn und Zweck jeder Missionstätigkeit der Kirche.

Diese Ausstellung war der geeignetste Hintergrund, meine Formosa-Arbeit zu präsentieren. Und kein Geringerer als der amerikanische Fernsehbischof »Most Reverend Fulton J. Sheen« stellte mich einer breiten Öffentlichkeit vor.

Später hatte ich Gelegenheit, an der Weltmissionsausstellung in Boston teilzunehmen.

Mit Bostons Kardinal Cushin pflegte ich schon von China her regen Briefwechsel. Ich durfte auch einige Tage bei Seiner Eminenz wohnen, einem Mann der Mitte, der nach dem Tod Papst Pius XII. als möglicher Kandidat galt. Am Zweiten Vatikanischen Konzil versuchte er jene Kräfte einzubremsen, die mit ihren Ideen gerne in den luftleeren Raum hinaus geschossen hätten.

In Allentown, bei Philadelphia, schenkte mir eine junge Ärztin ihren vollen Monatsgehalt.

Autostop quer durch die Staaten, auf Fernlastern. Bis San Francisco. Dabei lernte ich ein Gebet kennen, das einige dieser »rauhen« Männer vor dem Start sprachen.

»Herr, laß mich doch über der Materie stehen, damit ich das wunderbare Zusammenwirken so vieler Metallteile überwachen kann. Meinen Geist aber frei behalte, DEINE Schöpfung zu bewundern und zu preisen. Und die Kameradschaft auf der Straße in DEINEM Sinne übe. Amen.«

Ja, das war Amerika . . .

## VIII  HEIMKEHR UND AUFBRUCH

### *Altes und Neues im Zeitenwandel*

In Rom gelandet. Die Bus-Chauffeure im Streik.
Es war nicht leicht, zum Vatikan zu kommen.
Das Gespräch mit Staatssekretär Erzbischof Montini ver-
lief zur beiderseitigen Zufriedenheit.

Nichts ahnte ich von dem, was kommen sollte. Daß dieser
Mann, mit mir jetzt im Gespräch, später als Paul VI. durch
15 Jahre die Kirche leiten werde.

Dann in Turin. Dort, wo ich vor 15 Jahren mit dem
Missionskreuz um den Hals ausgezogen war.

Anschließend begab ich mich auf kurzen Heimaturlaub.

Es war ein heller, sonniger Augusttag des Jahres 1953, als
es mit dem Zug hinauf ging, dem Brenner zu, Torino—Milano
—Innsbruck.

Neben mir saß ein Mann, der den Wein aus der Kalterer-
Gegend in Südtirol sehr liebte. Er zeigte mir einige Flaschen
davon. Als Pensionist fuhr er wöchentlich über die Grenze,
um sich einen guten Tropfen zu holen. »Der bringt Sonne ins
Gemüt«, sagte er.

Ich wog damals ganze 54 Kilogramm.

Woher ich denn käme? Was ich gemacht hätte? Ich möge
doch erzählen. Es wurde um mich herum lebendig wie in
einem Bienenstock.

Ruhig, gelassen und erhaben, fiel mir unter den Zuhörern
eine Dame auf.

Ich hätte vom Vertreter des Vatikans auf Formosa im Freien China den Auftrag, für die Verbreitung guter chinesischer Bücher unter den Auslandschinesen zu werben.

Das mag wohl der Grund dafür gewesen sein, daß die Dame mit dem Adel im Antlitz ihre Handtasche öffnete und mir bald darauf ein dickes Bündel Geldscheine verstohlen in die Hand drückte.

Dankend nahm ich entgegen, was mir für mein Werk so großzügig angeboten wurde. Schob es, ohne zu zählen, in die Tasche meines schwarzen Priestertalars.

Die Dame stieg, noch bevor wir den Brennerpaß erreicht hatten, aus. Mit ihrer Begleitung, der Zofe. In Innsbruck angekommen, nahm ich meine wenigen Habseligkeiten und suchte im Gewühl eines Umsteigebahnhofes nach dem Zug, der mich direkt über Salzburg nach Wien bringen sollte.

Innsbruck—Wien hatte ich im Kopf.

Da spürte ich, wie sich jemand ganz fest an mich drückte und mir den Weg versperrte. Es war der Mann mit dem guten Tropfen aus der Kalterer-Gegend.

»Se, hörn S', außa mit dem Göld, des Ihna de noble Principessa zuag'steckt hot. Hear damit. Ih brauch dringend a Göld. Se weard'n schon wieda ans kriag'n.«

Ich stand sprachlos da ... Dann wurde ich brüsk aus meiner stummen Starrheit wachgerüttelt.

»Gemma, gemma, sunst hab'n S' a Loch im Bauch.«

Es hätte gar nicht des Kribbelns eines spitzen Gegenstandes, den ich zwischen den Rippen spürte, bedurft.

Ich griff in die Tasche und gab dem unedlen Zudringling ungesehen wieder weiter, was ich von einer edlen Frau erhalten hatte.

Doch ein Andenken an die Fahrt Torino—Wien blieb mir trotzdem: Ein kleines Loch in meiner abgetragenen Priestersoutane. Verursacht durch einen Taschenfeitel.

Seit 1927 war er Bischof von St. Pölten.

Vor 25 Jahren hatte er mich gefirmt.

Jetzt kehre ich als Priester in meine Heimat zurück. Meinen Bischof will ich sehen. Ich steige in St. Pölten aus.

Flott springt ein nahezu Achtzigjähriger die breiten Stufen herunter, in der bischöflichen Sommerresidenz im Ochsenburger Schlößl nahe von St. Pölten. Empfängt mich freundlichst. Telefonisch war er durch das Seelsorgeamt von meinem Kommen verständigt worden.

Solange ich kann, möge ich doch in der Diözese St. Pölten bleiben und »die Leute anständig wachrütteln«. Seine Einladung und die Bitte meiner Heimatkirche zugleich.

Michael Memelauer war ein mutiger Hirte seiner Herde.

In meiner ersten Nacht in Österreich durfte ich bei Schwestern bleiben, die im Seelsorgeamt in St. Pölten tätig waren. Der Leiter dieses Amtes und spätere Propst Edelhauser führte mich in die Lage der Heimatkirche ein.

Die Persönlichkeit des Bischofs, der mir einst das Sakrament des Geistempfanges gespendet hatte, beeindruckte mich stark. War mir Ansporn für mein Selbst-Werden.

Gott bedient sich der Menschen, um Menschen zu führen.

Wien, eine geteilte Stadt.

Fast »wie ein Farmer in New York« bin ich mir vorgekommen. Denn ein Sprung von 15 Jahren ist zu groß, um sich daheim wieder zu Hause zu wissen.

Neues verdrängt Altes im Zeitenwandel.

Pepi-Onkel und Resi-Tante nahmen mich liebevoll auf. In Döbling war ich gut untergebracht.

Der Onkel, bereits in Pension, erzählte mir manches, was sich während meiner Abwesenheit ereignet hatte.

Zu markant war noch mein letzter Eindruck. Im Mai 1938, nach dem Abschied aus dem Elternhaus. Die Hitlerfahnen wehten über Wien. Da ging meine Tante mit mir Lederkoffer kaufen für die Reise.

Was fanden wir vor? — Die Fenster des Geschäftes waren verschmiert. »Pfui, pfui, pfui« hingekleckst.

Eine verhärmte Frau bediente uns, in Schwarz gekleidet. Sie und meine Tante mußten sich gut kennen.

»Wie geht's denn dem Herrn Kohn?«

»Der liegt krank im Bett. Mit seinem Herzleiden wurden ihm die letzten Tage zuviel.«

Das Züglein brachte mich von Wien nach Pleißing.

Mein Bruder wartete am Bahnhof mit dem Traktor, einem grünen »Steyrer«, 28 PS.

Was war in diesen Jahren alles geschehen!

Ich saß auf dem Kotflügelsitz. Hörte Rudolf zu.

Das Elternhaus wurde zum Erbhof deklariert, mein Bruder als Erbhofbauer vom Militärdienst freigestellt. Da er aber regelmäßig mit der ganzen Familie den Sonntagsgottesdienst besuchte und mit dem neuen Pfarrprovisor aktiv mitarbeitete — der alte Pfarrer Špale war in den Ruhestand gegangen —, hatte ihn der Parteileiter der Nazis bald auf der schiefen Kante. Gab einen Bericht ein, »wegen reaktionärer Betätigung«. Und wenige Wochen später war Rudolf an der Front.

Eines Tages fielen zwei SA-Leute ins Haus. Sie hätten den Auftrag, meinen behinderten Bruder Anton abzuholen. Man würde ihn zu einem Spezialisten bringen, der ihm helfen könne. Er würde dann ganz gesund werden.

Meine Mutter hört das, wirft sich über meinen Bruder. Deckt ihn mit dem eigenen Körper zu.

Wenn sie »ihr'n Buibm« nehmen, dann müßte auch sie mitkommen. »Es Lausbuibm, schaomt's eng!«

Daraufhin drehen sich beide um und ziehen unverrichteter Dinge wieder ab.

Mein Bruder Anton hätte eingeschläfert werden sollen.

Anton lebt heute noch. Nach nahezu 50 Jahren.

Dann erzählte Rudolf weiter. — Er eingerückt. In Gefangenschaft nach Belgien geraten. Knapp vor Weihnachten

Wir drei Weidinger-Brüder, Rudolf, Heinrich und Anton,
nach meiner Rückkehr aus China am Grab unserer Eltern.

1945 wieder zurückgekehrt. — Vor Ausbruch des Krieges geheiratet, war seine Familie jetzt auf fünf Kinder angewachsen. — Er Bürgermeister von Riegersburg. — Im Ort russische Besatzung.

Ich stieg vom Traktor — und wußte nun, daß man auch auf dem Hintern Knochen hat. Der Traktorsitz hat es mich gelehrt. Auf der sieben Kilometer langen Fahrt über löchrige, schlechte Schotterstraßen. »D' Russ'n mit eahni Militär-Dsches'n haun uns ollas z'soam.«

Ich reckte mich. Dabei fiel mein Blick auf die »Dreifaltigkeitssäule«. Sie blieb im Schatten düster zurück.

Vom Schloß her »begrüßte« mich ein Riesenbildnis des mächtigen Stalin in vollem Lichte.

Das Land Mao Tse-tungs hatte ich weit zurückgelassen, um in meine Heimat auf Besuch zu kommen. Sie aber gehörte jetzt einem Fremden. So schien es.

»Heinarich, winsch da wos d'wüllst zum Ess'n. Heut' kriagst ollas. D' Hauptsoch, mia seh'n di' wieda.«

Ich wünschte mir nur eines. Einen Erdäpfelsterz und kuhwarme Milch. Wie ich es in den Tagen meiner Kindheit gerne gegessen hatte.

Primiz. Sie ist die erste feierliche Messe eines neugeweihten katholischen Priesters. Vor mehr als vier Jahren hatte ich sie bereits in Macao begangen. Damals konnten meine Verwandten und die vielen Freunde in der Heimat nicht mit dabeisein. Deswegen »erstes feierliches Meßopfer daheim«.

Die Pfarrchronik Felling berichtet darüber besser, als ich es je erzählen könnte. Pfarrer Florian Schweitzer hatte Schwung in die Seelsorgsgemeinde gebracht. Ihm verdanke ich sehr viel. Er ließ mich im Pfarrhof wohnen. Verstand es auch, die Gelegenheit würdig zu nützen.

»Am 19. August traf der Missionar Pater Heinrich Maria Weidinger nach 16jähriger Missionsarbeit in China in seiner Heimat ein.

Begrüßung im Elternhaus, Riegersburg Nr. 5,
mit Pfarrer Florian Schweitzer.

Am Tage meiner Heimatprimiz mit allen meinen Verwandten
und den Nachbarpfarrern.

Er hielt in jedem Ort einen Vortrag mit Lichtbildern über seine Missionstätigkeit. Die Begeisterung der Besucher war groß. Sie waren stolz darauf, daß aus ihrer Mitte ein so tüchtiger Priester und Missionar hervorgegangen ist.

Am 30. August zelebrierte er seinen ersten Festgottesdienst in seiner Heimatpfarre.

Begrüßung im Elternhaus, Riegersburg Nr. 5. Auszug und zu Fuß den drei Kilometer langen Weg nach Felling.

Am Dorfeingang Empfang. Anschließend Festgottesdienst in der Pfarrkirche und Erteilung des Primizsegens. Die Primizpredigt hielt der Pater auf eigenen Wunsch selber.

Die Festtafel war in der überdachten Einfahrt des Elternhauses. Anwesend waren die Nachbarpfarrer von Geras, Pleißing, Weitersfeld, Oberhöflein, Langau, Sallapulka und Pfarrer Dr. Franz Stoiber von Waldenstein, ein gebürtiger Riegersburger. Anläßlich seines 40jährigen Priesterjubiläums hielt er am Nachmittag die feierliche Segensandacht in Riegersburg.

Es stammen also derzeit zwei aktive Seelsorger aus dem Orte Riegersburg.

Pater Weidinger beendete seinen Heimaturlaub am Erntedankfest, dem 11. Oktober 1953. Diese Feier wurde nach einem sehr guten Erntejahr zum freudigen Dank.

Am 12. Dezember wurde P. Heinrich Maria Weidinger in Waidhofen/Thaya operiert und erkrankte dann schwer an Malaria. In seiner Heimat wurde viel um seine Gesundheit gebetet. Nach seiner Genesung hielt er vor Ostern hier die Beichtwoche mit Ansprachen und Beichtgelegenheit in allen drei Ortschaften. Es konnten etwa 520 Pönitenten erreicht werden.«

Gemeinde und Gemeinschaft. Beides habe ich nach meiner Heimkehr erlebt. Ich fühlte mich eingegliedert.

Altes und Neues begleitete mich.

## Einer denkt, ein andrer lenkt

»Delta Gnaum« hieß die Marke.

Und war österreichisches Erzeugnis.

Der Hilfsmotor hatte zwar nur 98 cm$^3$ Hubraum. Da aber die Anfertigung alle meine Sonderwünsche berücksichtigte und für das Gepäck viel Platz war, konnte ich vollends damit zufrieden sein.

Ich hatte mein eigenes Fahrzeug. Einen Zweitaktmotor, mit Benzin-Öl-Gemisch betrieben.

Daß meine Ordensoberen mir den Rat gaben, mit meinem Weiterflug doch noch bis Weihnachten zu warten, ließ mich ganz auf »Inlandsmission« einstellen.

Mein weiterer Standort war das Salesianum im dritten Wiener Gemeindebezirk. Und da sich dort gerade die neue Don-Bosco-Kirche in Bau befand, wurde ich gebeten mitzuhelfen, Spenden für diesen Bau zu sammeln.

Kardinal Innitzer wünschte, daß ich auch in Wien Vorträge über die Missionsarbeit in China halten solle.

Schwer war für mich der Klimawechsel.

Eine Ledermontur aus Italien, die nur Augen, Nase, Mund und meinen Bart freiließ, ganz in Schwarz gehalten, schützte mich gegen die ärgste Kälte beim Fahren.

Ich fror einfach immer.

Da fand ich in meinem Elternhaus einen alten Plüschschal meiner Mutter. An nebelig-kalten Herbsttagen band ich diesen Schal als Kopftuch während der Fahrt um. Wickelte die beiden Enden um den Hals. Meine Mitbrüder schmunzelten.

»Schen is' nit, oba woarm.«

Das Warmsein war für mich das Wichtigste. Um die Schönheit kümmerte ich mich kaum.

In Schulen, Gasthäusern, bei Schwesterngemeinschaften, überall gab es viel Andrang und Zulauf.

Mission ist Grundauftrag. Ist Dienst an den Seelen.

Der Gürtel war ganz frei.

Nichts behinderte meine Durchfahrt.

Immerhin hatte ich vom Standpunkt eines Fußgängers aus gesehen das beachtliche Tempo von gut 15 Stundenkilometern. Hinauf nach Inzersdorf, Himberg, hinunter dem Zentrum der Stadt zu, stand alles still. Wie eine Mauer mutete es an. Da kommt ein Polizist mit Mantel schnurgerade auf mich zu. Ich fahre kerzengerade auf ihn zu. Er weicht nicht aus. Nichts zu machen. Weg vom Gas. Stehenbleiben.

Die nun folgende Unterhaltung war eher lautstark und durchaus nicht im Sinne der Fremdenverkehrswerbung. — »Jo, wia ham mas denn. Se, hör'n S', haben Se kane Aug'n im Kopf. Sehen S' nit, daß der ganze, komplette Verkehr hin is.« Und jetzt fing er an, der Herr Inspektor, ein absolut reines Hochdeutsch zu sprechen: »Der ganze Gürtel steht habtacht, weil Sie seelenruhig bei Rot durch die Kreuzung brettln.« — Wieder liegt ihm »Weanerisch« mehr. — »San S' ma so guat, Se komischer Monn, und sogn S' ma, von wo Se kemman.« »Von wo ih kimm?« »Ja, von wo Sie kommen.« »Ih kimm va China.« »Va China kemman S'? Jessas na, donn foahrn S' g'schwind wieda weida!« Ruhig fuhr ich weiter. Alles andere stand still.

Und dachte bei mir, begleitet von einem geheimen Lächeln:

»Daheim zu Hause zu sein, ist gar nicht so leicht. Da war es doch in China einfacher.«

Überfüllter Saal in Linz bei den Kreuzschwestern.

Kaum war der Vortrag beendet und ich in meinem Zimmer, da faßte er mich. Ganz ungerufen. Dieser brennende, stechende Schmerz. In der Bauchgegend, unterhalb des Nabels. Die ganze Nacht wich er nicht von mir. Hartnäckig blieb er.

Pfarrer Dr. Hackl — mein ehemaliger Lateinprofessor aus Unterwaltersdorf — hatte mich eingeladen, am 12. Dezember 1953 im niederösterreichischen Waldviertel, in Waldkirchen, ganz nahe an der böhmischen Grenze, abends einen Einkehrtag für die Jugend zu beginnen.

Schlafen konnte ich nicht. So fuhr ich früh los.

Unsägliche Schwierigkeiten bereitete mir das Aufsitzen auf mein kleines »Hupferl«, das mir in den letzten Wochen große Dienste geleistet hatte.

Saß ich einmal oben, dann trieb es mir zwar die Tränen in die Augen, aber ich konnte wenigstens weiterfahren. Über Urfahr nach Königswiesen.

Mehrmals mußte ich in den Ortschaften stehenbleiben, beim Dorfgreißler ein kleines Stamperl Schnaps kaufen; das half für eine kurze Weile. Dann aber ging das Stechen, Schneiden, Reißen im Bauch wieder los.

Es war ein nebeliger, unwirtlicher Donnerstag in der zweiten Adventwoche. Meine Augenbrauen, mein Schnurrbart und mein Kinnbart waren vom Rauhreif schwer geworden. Der keuchende Atem legte sich immer wieder an, bis diese kunstvollen nadeligen Eisgebilde abbrachen und auf meine Lederbekleidung fielen, die alles Schwarze schon längst verloren hatte.

Unweit des Bezirksstädtchens Zwettl, mit dem herrlichen Zisterzienserstift, beugte sich auf einem Feldrain in der Nähe der Straße ein Hagebuttenstrauch unter der schweren Last des Rauhreifes.

Absteigen. Dort hingehen. Mich unter dem Gestrüpp verkriechen. Ausruhen können auf immer. Das war mein einziger Gedanke.

Sterben wollte ich. Zum ersten Mal in meinem Leben.

Das Leben galt mir stets als ein großes Geschenk. Als etwas unaussprechlich Einmaliges. Nie hatte ich auch nur im entferntesten meinen Tod herbeigewünscht. Viele andere sah ich um mich herum sterben. Ich wollte für sie leben. Für die

Lebenden und für die Sterbenden. Jetzt aber ersehnte ich Erlösung. Hoffte ein Ende herbei.

Ich blieb nicht stehen, fuhr weiter. Kam nachmittags nach Waidhofen/Thaya. Ins Krankenhaus. Das und nur das peilte ich an.

Die Schmerzen waren so unerträglich, daß ich an die Mauer im Hof anfuhr und vom Rad fiel. Mühsam erhob ich mich und tastete mich die Stiegen hinauf, wo ich mit einer Ordensfrau zusammenstieß, einer Schwester vom »Heiligen Geist«. — »Bitte Schwester, dringend an Dokta, ih stirb. I bin a Pater.«

»Was, Sie wollen ein Geistlicher sein. Sagen S', wie oft spricht der Priester am Altar das Dominus vobiscum während der Heiligen Messe?«

Das ging mir doch zu weit. Ich ließ mich auf den Boden fallen und schrie laut auf. Kurze Zeit später trug mich ein weißer Kittel davon. Stimmen drangen an mein Ohr. Schmutzig wie ich war, lag ich jetzt auf einem weiß überzogenen Bett. Mit kundiger Hand wurde der Bauch frei gemacht. Ein Druck. Ein fürchterliches Aufbrüllen.

Und ein Kommando: »Blinddarmdurchbruch, alles für eine Notoperation vorbereiten.«

In Spitalskleidung erwachte ich.

In einem sauberen Krankenzimmer.

Neben netten Kollegen.


Primararzt Doktor Fink hatte sich meiner angenommen.

Ich fühlte mich wahrhaftig umsorgt.

Während der Operation machte ein Malaria-Anfall eine sofortige Bluttransfusion nötig, wozu sich eine Ärztin zur Verfügung stellte.

Malaria hatte die ganze Lage erheblich kompliziert. Ich mußte mit einem längeren Spitalsaufenthalt rechnen.

Vor Weihnachten fingen die Schmerzen in der Bauchgegend wieder an. Bei einer Untersuchung wurde ein Darmpolyp festgestellt. An und für sich gutartige Wucherungen der Schleimhäute. In meinem Fall birnengroß und gestielt. Da aber eine bösartige Entartung möglich war, mußte ich noch vor Weihnachten operiert werden.

Danach erging es mir sehr schlecht. Ich magerte immer mehr ab. Mein Gewicht sank auf 45 Kilogramm. Der Schwächezustand wurde immer bedenklicher. Wie man mir später sagte, hatten mich die Ärzte bereits aufgegeben.

Nun folgte ein Zeitraum von zirka drei Wochen, während dem ich von mir kaum etwas wußte. Ich döste einfach so dahin. Nur durch Infusionen und Spritzen konnte man mich am Leben erhalten.

Obwohl ich schon mehr drüben als herüben war, hörte ich nach wochenlanger »Funkstille« auf einmal eine Frauenstimme klar und deutlich.

»Herr Oberarzt, der Pater mit dem Bart, der von nichts was weiß, ist gestern Nacht aufgestanden, zur Wasserleitung hingegangen und hat getrunken. Er hat dabei ein Glas hinuntergeworfen. Ich habe das Klirren gehört, bin hereingelaufen und habe den Pater ins Bett kriechen gesehen. Jetzt weiß er wieder von nichts was.«

Wort für Wort habe ich alles mitgehört und verstanden.

»Schwester Hermine, vergönnen Sie dem Pater das Wasser. — Das war sein letzter Trunk.«

Reden konnte ich nicht. Mich rühren auch nicht, weil ich viel zu schwach dazu war. Da reiße ich meine ganzen Gedanken im Geiste zusammen, haue mit aller Kraft auf den Tisch, den es gar nicht gab, und sage mir: »Dem Hallawachl z'fleiß stirb ih justament net!«

Ich bin auch nicht gestorben.

Von diesem Tag an ging es wieder aufwärts.

Mit Rotwein und Schwarzbier, alles löffelweise eingegeben, wurde ich langsam aufgepäppelt.

Zu dritt lagen wir im Zimmer des Lainzer Krankenhauses. Da ich immer noch an Schmerzen im Darm litt, hat man mich dorthin transportiert. Zuerst mußte ich mich einer Urozystoskopie unterziehen. Es sollte nicht nur eine Harnblasenspiegelung durchgeführt werden, auch über den Zustand der Nieren wollte man Bescheid wissen. Heute noch erinnere ich mich an die nicht sehr angenehmen Prozeduren.

Zurückgebracht auf mein Krankenzimmer, litt ich nachts sehr stark an beständigem Harnandrang. Da ich schwer beweglich war, läutete ich der Stationsschwester. Das erste Mal ging es gut. Dann wurde sie mürrisch, und als ich in der gleichen Nacht noch ein drittes Mal läutete, schrie sie mich fürchterlich an.

Zur gleichen Zeit tagte in Berlin die Viermächtekonferenz. Vom 25. bis zum 30. Jänner 1954. Erfolglos zwar, aber mir sollte sie in meinem Zustand helfen.

Als man mich in Lainz eingeliefert hatte — zu dem führenden Spezialisten für Tropenkrankheiten Primar Dr. Königstein —, gaben mir Verwandte Rotwein und gutes Geselchtes mit. Um es kühl zu halten, deponierte man alles zwischen den Fensterflügeln.

Im Zimmer lagen noch zwei andere Kranke. Herr Spedlitz, ein Wiener Taxifahrer, und ein sozialistischer Nationalratsabgeordneter. Letzterer, sehr ruhig, schwer zuckerkrank, litt an Durchblutungsstörungen.

Der Taxifahrer hingegen war bloß zur Untersuchung drinnen und strawanzte den ganzen Tag herum. Er war von der Kirche ausgetreten, ein erklärter Priesterfeind.

Bei meiner Einlieferung sagte er: »Daß' ma ka G'sindl einabringt's, weil wir san anständige Leit'.«

Als er aber kurz darauf erfuhr, daß der Neuankömmling ein Priester sei, schrie er: »Pfui Teifl, Pfoff'n brauch ma kan.«

Kaum einige Stunden in meinem Bett, ersuchte ich ihn freundlich um einen Gefallen. — »Bevor ih an dreckigen Pfaff'n hülf, bring ih mih um.«

172

Soviel Gehässigkeit hätte ich wirklich nicht erwartet.

»Mocht nix. Mocht scho gor nix. Wonn da Spedlitz mein Wein und mei G'selchtes nit mog, müaßn's holt d' Mod'n freßn. Ih vatrog nix.«

»Höh???«

Und nach einer Weile: »Habn S' wos g'sogt?«

Ich wiederholte meine Lamentella.

Die Würmer kamen nicht zum Zug.

Der Spedlitz hingegen wurde mein bester Freund.

Dann folgte meine Nierendurchleuchtung.

Die Unfreundlichkeit der Schwester sollte Folgen haben.

Spedlitz hatte alles mitangehört.

Morgens, zur Zeit der Visite, geht er auf den Gang. Er war ein Mordsstück von einem Mann. Über 180 Zentimeter groß und grob unterschätzt nicht unter 120 Kilo schwer. Auf seiner Waage hätten drei Weidinger Platz gehabt.

»A Pforra is ka Hund. Wenn's ma den Pater do drinn nit onständig behandelt's, loß ih in Wjatscheslaw Molotow kemma! Ih bi a Kommunist. Er is eh in Berlin.«

Das Personal lief zusammen.

Mir war dies alles sehr peinlich.

Aber diese Schwester habe ich nie mehr gesehen.

Doktor Königstein auf Urlaub.

Ein junger Arzt vertrat ihn.

Im Zimmer ging es gerade sehr gemütlich zu.

Ich erzählte Witze am laufenden Band. Die beiden Kollegen lachten ohne Unterbrechung.

Da tritt der junge Arzt ins Zimmer, bleibt eine Weile stehen, geht hin zum Spedlitz und fragt ihn: »Wer ist denn dieser Komödiant?«

»Herr Dokta, hearn S', schaun S', wia sih dös reimt: Ih bin a Chauffeur, der do hint'n is a Ingenieur, und der durt is a Missionär.«

173

»Was soll der dort sein, ein Missionar? Ich dachte, er wäre ein Artist oder ein Zirkusreiter.«

Meine Lainzer Zeit nahm ein Ende.

Zurückgekehrt nach Waidhofen, wurde ich auch von dort bald aus dem Krankenhaus entlassen.

## Der Waldviertler Chinesenpater

Irgend jemand schnappte meine Sing-Sang-Töne im Sprechen auf.

Betrachtete meinen Bart, der dem Vergleich mit einem »Chinesen-Bart« so standhielt wie der eines Hühnereies mit einem Fußball. Vielleicht empfand dieser »Jemand« auch, daß ich China und sein Volk liebe.

Jedenfalls eines war geschehen: Der »Waldviertler Chinesenpater« war geboren.

Immer wieder tauchte die Malaria auf. Fieberschübe und Schüttelfrost. Diese Anfälle lauerten im Hinterhalt. Traten sofort auf, wenn ich mich über ein Mittelmaß hinaus anstrengen mußte.

Es war ein trauriger Abschied. Damals, als ich zur Post ging und das Flugticket der »Pan American Airways« dem Vertreter des Vatikans, Erzbischof Antonio Riberi, nach Taipeh zurücksandte.

Mein Leben stand nun vor einer neuen Wende.

Dann kam der Karfreitag 1954.

Er gab mir einen Fingerzeig.

Ein Zwiebelturm, mit Holzschindeln gedeckt.

Kaum war der Wald zurückgetreten, tauchte er auf.

Und wies mit seinem Kreuz nach oben.

Der Motorradfahrer hielt kurz an, ließ mich dieses Bild in mich aufnehmen. Vom Rücksitz aus. — Ich war noch sehr schwach, konnte selbst nicht lenken.

Karfreitag. In der Kirche hielt man die Kreuzweg-Andacht. Eigener Pfarrer war keiner da. Die Pfarre wurde vom Stift Geras aus mitbetreut.

Ich besichtigte alles. Schön, aber alt. Sehr renovierungsbedürftig. Besonderen Eindruck machte auf mich der große Pfarrgarten. Der sagte mir zu, denn der Ruhe bedurfte ich.

Und Ruhe, so hoffte ich, würde ich hier finden.

In den folgenden Tagen, nach einer klaren Aussprache mit dem Provinzialoberen der Salesianer und nach einer Vorstellung beim Abt des Prämonstratenser-Stiftes Geras — zu diesem Stift gehört nämlich die Pfarre — hatte ich mich entschlossen, als Provisor die Pfarre Harth zu übernehmen. Weil ich kaum hoffte, jemals mehr ganz gesund zu werden.

Am 1. Mai 1954 zog ich dort ein.

Alle Verwandten hatten mitgeholfen, mir das eine oder andere geschenkt. Und so saß ich oben auf einem vollbeladenen Pferdewagen, zwischen Hühnern und Kaninchen, und übersiedelte in den Pfarrhof von Harth.

Ruhe habe ich gesucht.

Arbeit habe ich gefunden.

Einer denkt, ein andrer lenkt.

Gott ist der Rufende. ER ist jener, »der be-ruft«. Kann aber auch wegrufen und hinrufen.

Ich wurde zum Lauschenden. Klar vernahm ich den Ruf des Herrn und folgte ihm.

Mein Gesuch nach Rom zur Kongregation für Ordensleute wurde abgeschickt. Der Bitte, als Ordensmann mit ewigem Gelübde von der Gemeinschaft der Salesianer des heiligen Johannes Bosco in den Prämonstratenser-Orden übertreten zu dürfen, stattgegeben.

Gewaltiges hat sich in meinem Leben jetzt geändert.

Ich war ein anderer geworden.

Oder nicht?

## Hermann-Josef von Steinfeld

Mit geschlossenen Augen.

In stets gerader Richtung bis zum Gipfel der Vollendung emporsteigen.

Wer kann das schon?

So ist eben das Leben eines jeden Menschen ein Suchen nach dem Weg. Ein Hören auf die Stimme Gottes, um die Richtung nicht zu verfehlen. Ein beständiges Fragen: »Was willst DU, HERR, das ich tun soll?«

Für den Ordensmann und die Ordensfrau ist es die heilige Regel, die ihnen Antwort gibt. Detailliert und interpretiert von der Person, die der Gemeinschaft vorsteht.

22. August 1954. Ein Sonntag. Nach zwei Gottesdiensten in meiner Pfarre stand ich vor dem Abt des Prämonstratenser-Stiftes Geras im Waldviertel. Es ist nur zehn Kilometer von meinem Geburtsort Riegersburg entfernt.

Um fast dreißig Jahre fühlte ich mich in diesem Augenblick zurückversetzt.

Glockengeläute. Zwei Schimmel ziehen eine Kutsche. Obenauf sitzt ein »weißer Pfarrer«: Der Prior des Stiftes Geras, Adalbert Zwieb — Dechant des Dekanates — kommt zur jährlichen Religionsprüfung in die Pfarre Felling. Alle Kinder der drei Schulen sind in der Kirche versammelt. Der Dechant fragt und prüft. Die Kinder zeigen auf und antworten. Richtig oder falsch oder auch gar nicht. Der ziemlich beleibte Dechant lobt oder tadelt. Unser Pfarrer, Emanuel Špale, bemüht sich, im geheimen zuzuflüstern. Ich, einer mit großen Ohrmuscheln, profitiere davon. Habe aber auch eine laute Stimme, kann flott und kräftig antworten. Das trägt mir eine Sonderprämie ein, auf die ich noch heute »stolz« bin. Der »Mann im weißen Priesterkleid« zahlte mir ein Paar Würstel im Gasthaus.

Ein besonderes Geschenk für ein Bauernbürschel in den zwanziger Jahren . . .

Die Reliquien des heiligen Ordensvaters Norbert
wurden am 10. Juni 1990 im Kloster Strahov in Prag nach
56 Jahren erstmals wieder in feierlicher Prozession getragen.

Geras, ein Stift, das 14 Pfarreien zu betreuen hatte und sehr an Priestermangel litt.

Ich bat um Aufnahme in die Gemeinschaft des Klosters. Nach der damals geltenden Vorschrift hatte ich nochmals ein Noviziatsjahr zu machen.

Die Prämonstratenser-Chorherren wurden 1120 vom heiligen Norbert von Xanten gegründet. Im Tal von Prémontré bei Lâon — von hier stammt auch der Name »Prämonstratenser« — sammelte Norbert Gefährten um sich zu gemeinsamem Leben in Armut, verbunden mit zurückgezogener Beschaulichkeit und Wanderapostolat. Grundlage des gemeinsamen Lebens war die Regel des heiligen Bischofs und Kirchenlehrers Augustinus mit eigenen Statuten.

Der heilige Norbert wurde 1126 auf dem Reichstag zu Speyer zum Erzbischof von Magdeburg gewählt.

Der Orden breitete sich rasch aus. Norbert, 1582 heiliggesprochen. Sein Fest wird am 6. Juni gefeiert.

Nur wer aus seinem Geiste heraus lebt, wird ein wahrer »Norbertiner« werden.

»Tausend Welten lassen sich nicht vergleichen mit dem Frieden und der Ruhe eines guten Gewissens und einem wahrhaft religiösen Herzen.

Die Verleumdung ist der Prüfstein eines edlen und geduldigen Herzens. Man muß sie lieber ertragen als aufhören, für Gott zu arbeiten.«

Der innere Herzensfriede bedeutete für den heiligen Norbert sehr viel. Er sagte gerne: »Wer Gott auf seiner Seite hat, fühlt sich durch nichts betrübt.«

Zuruf des heiligen Norbert an die Priester.

»O Priester, du bist nicht tu, Du, weil Du Gottes Habe bist. — Du bist nicht tui, Deiner, weil Du ein Knecht und Diener Gottes bist. — Du bist nicht tuus, Dein, weil Du der Kirche verlobt bist. — Du gehörst nicht tibi, Dir, weil Du Mittler zwischen Gott und den Menschen bist. — Du bist nicht de te, von Dir, weil Du nichts bist. — Wer bist tu, Du, denn also,

Am 27. August 1954 erhielt ich das weiße Ordenskleid.

Heiliger Hermann-Josef von Steinfeld.

Die Hermann-Josef-Madonna aus der Basilika St. Maria am
Kapitol zu Köln (um 1150).

Priester? Nichts und alles. — O Priester, hüte te, Dich, daß Dir nicht wie dem leidenden Heilande zugerufen werde: Anderen hat er geholfen, sich selbst kann er nicht helfen!«

Drei Dinge empfiehlt der heilige Norbert täglich gewissenhaft zu beachten.

»Sauberkeit beim Altar und im Verwalten der göttlichen Geheimnisse.« In Glaube und Liebe hat dies zu geschehen.

»Buße für Ausschreitungen und Nachlässigkeiten überall.« Zur Bekämpfung der Selbstliebe.

»Sorge für die Armen und Gastlichkeit.« Zur Pflege der Nächstenliebe.

»Kein Haus«, sagte der Heilige, »welches diese drei Dinge sorgfältig zu beobachten trachtet, wird je über das Maß des Erträglichen hinaus in Not kommen und darben.«

Vortag des Augustinusfestes 1954.

Ich erhalte das weiße Ordenskleid.

»Dein Klostername soll fortan Hermann-Josef von Steinfeld sein.« — Ein neuer Name. Ein neuer Mensch?

Der heilige Bernhard spricht davon, daß die gute Mutter Maria niemandem etwas schuldig bleibt. Vielmehr, wer ihr eine Lieb' erzeigt, dem erweist sie noch viel größere Liebe. Liebe, die umwandelt und befruchtet.

Desgleichen tat sie dem heiligen Knaben Hermann, meinem Namenspatron, Vorbild und Beschützer fürderhin. Bis zu jenem Tag, an dem ich Gott von Angesicht zu Angesicht schauen darf.

Als Kind Kölner Bürgersleute nach dem Jahr 1150 in der alten Stadt am Rhein geboren, umhüllt ihn ein Leben lang der Schutzmantel der Himmelskönigin.

Er ist und bleibt »ein Favorit Mariens«. Zeigt sich dieses hehren Schutzes würdig.

»Heermann« oder »Wehrmann« — mitten im frohen Spiele unterbricht er — eilt in »Unserer Lieben Frauen Kirche«. Sieht oben auf dem Chor, wo das Evangeliumpult steht, eine wun-

derschöne Jungfrau. Erkennt sie alsbald, »daß es aller Jung-
frauen Königin, Unsere Liebe Frau Maria, war«.

Sie hält an der Hand das holde Jesuskind. Johannes der
Evangelist steht dabei, »der trieb mit dem süßen Kind man-
cherlei Kurzweil«. Darüber freut sich die Mutter. Über-
raschend winkt die Königin mit der Hand und ruft vertraulich:
»Lieb Hermann, komm auch herauf.«

»Ich kann nicht, das Gitter am Chor ist geschlossen, und
Leiter ist keine da.«

Hermann klettert über das Gitter. Als er es aus eigener
Kraft nicht schafft, reicht ihm Maria die Hand.

Wie Hermann später einem Mitbruder erzählte, habe ein
Nagel des Gitters eine empfindliche, aber unsichtbare Verletzung in der Herzgegend verursacht. Ein Leben lang litt er
dadurch noch große Schmerzen. — Jene Verletzung sollte eine
Vorbedeutung haben für so viele Bedrängnisse, die ihn bis an
sein Lebensende begleiteten.

Weil er die Nachfolge Christi ernst nahm.

Und sich selbst große Entbehrungen auferlegte.


Berühmt wurde eine Szene.

Oftmals beschrieben und gemalt.

Der kleine Hermann kniet vor dem Bilde der Gottesmutter,
reicht dem Jesuskind einen Apfel hinauf. Und siehe da, Maria
streckt die Hand aus und nimmt das Geschenk an.

Im Kloster Steinfeld eingetreten, suchte sich Hermann als
Prämonstratenser-Priester und als Mystiker ganz im Wesen
der heiligen Eucharistie zu vertiefen. Häufig wird er dar-
gestellt mit einem Kelch in den Händen, dem drei Rosen
entsprießen. Denn er wurde nicht müde, die Muttergottes
»Rose«, »seine Rose« zu nennen.

Gleich einer Rosenknospe bricht hier eine ganz zarte,
persönliche, einzigartige Mystik auf, dessen es kein Vorbild
in der Geschichte der Heiligen gibt. Wegen seiner großen

Hermann von Steinfeld wird in der mystischen Vermählung mit
Maria zum Hermann-Josef.

Liebe zur Reinheit und seiner innigen Verehrung der Muttergottes gaben ihm seine Mitbrüder den Beinamen Joseph. Deshalb der Doppelname »Hermann-Josef«.

So darf man sich nicht wundern, wenn der Mystiker auch durch himmlische Hulderweise den Duft vieler Blumen und Kräuter verkosten durfte. Sooft er nach Tisch beim Beten des Miserere die Kirche betrat, verspürte er solch himmlischen Wohlgeruch: Den lieblichen Duft der Rosen und Veilchen. — Den betäubenden Duft von Lilie, Narde, Safran, Kalmus und Zimt. — Den festlichen Duft von Weihrauchgehölz, von Myrrhe, Aloe und Balsam.

Der Höhepunkt von Hermanns Marienminne war die im nächtlichen Chorraum der Abteikirche von Steinfeld geschaute geistliche Vermählung zwischen ihm und Maria. — Ein Engel habe seine Hand in die der seligsten Jungfrau gelegt, ihm den Namen eines neuen »Joseph« gegeben.

Sein Wahlspruch hieß: »Die Zeit meines Lebens ist die Zeit der Buße.«

Er war ein aus Liebe Leidender.

Im Leid aber erfuhr er tiefe Tröstung.

Eines Nachts sah er den Sternenhimmel an.

Durfte so das Wesen der Schöpfung erahnen.

Neunzigjährig starb er. Sein Grab befindet sich in der Abteikirche zu Steinfeld in der Eifel.


*Auf der Rochushöhe*

28. August 1955.

Samstag, ein Marientag.

Festtag des heiligen Augustinus, der »keine Ruhe fand, bis sein Herz nicht in IHM ruhte«.

Mein feierlicher Profeßtag, der mich an die Abtei Geras und an meine Mitbrüder bis über den Tod hinaus bindet. — Gleichzeitig wurde mir die Pfarre Harth übertragen. Eine

185

josephinische Pfarrgründung aus dem Jahr 1783, zu der vier Katastralgemeinden mit drei Volksschulen gehörten.

Die Bewohner freuten sich, einen beständigen Seelsorger zu haben. Legten auch fest mit Hand an. Manches konnte geschaffen werden: Kirchenrenovierung innen und außen, ein neues, modernes Pfarrheim. Man ließ mich nicht allein. Auch Baugesellen aus Belgien und aus den Niederlanden kamen und halfen in den Ferien mit.

Das trug viel dazu bei, daß die Menschen der Pfarre wieder Feindbilder, die während der unseligen Kriegszeit entstanden waren, abbauen konnten.

Es ging dem Ende der sechziger Jahre entgegen.

Bald zirkulierte die Mähr, die Pfarre könnte in absehbarer Zeit ihren Pfarrer wieder verlieren. Daran wird man kaum vorbeikommen, meinte man.

Zwei Plätze kamen für ihn in Frage. Stein an der Donau oder Mauer-Öhling im Mostviertel.

Warum? Weil im ersten die Strafanstalt untergebracht ist »für schwere Burschen« und im zweiten die Heilanstalt für Nervenkranke und »Abnormale«.

Wofür? Wegen fahrlässiger Krida oder wegen Irreseins.

Und die Begründung? Alle diese Bauarbeiten konnten finanziell nicht allein von der Pfarre getragen werden. Deswegen bedurfte es eines großen Gottvertrauens und vielen Mutes, um immer wieder Bettelbriefe zu schreiben und weit und breit um Spenden zu bitten.

Wie so oft im Leben wurde aus den »eitlen Hoffnungen gutgemeinter böswilliger Zungen« nichts.

Bei einer Großveranstaltung war Landes-Finanzreferent Siegfried Ludwig, ein Förderer und Freund des Pfarrers, anwesend. Ich, mit einem mordsgroßen Bündel auf der Bühne, trete vor das zahlreiche Publikum, werfe den »Schuldenbinkel« zur allgemeinen Verblüffung in den Saal — gut berechnet auf leeren Platz — und gebe öffentlich meine Namensänderung bekannt.

»Ab jetzt heiße ich Moses Weidinger.
Der aus dem Wasser Gerettete.«
Die Schulden waren bezahlt.
Die Gefahr abgewendet.

Mit Heiligen scherzt man nicht.
Vertrautheit und Vertrauen aber . . .
. . . sind sicherlich gestattet.
Da ich mich als Diener Mariens betrachte, liegt es nahe,
daß ich eine große kindliche Verehrung zum heiligen Josef in
meinem Herzen trage. Ihn gemeinsam mit Maria zum Verwalter meiner Sorgen mache, die, bedingt durch meine Arbeits-
lust, oft »das Kappl schief stehen lassen.« Eigentlich schon
ein Erbe aus meinen »China-Zeiten«.
Damals stellte ich eine fast lebensgroße Josefsstatue auf.
Regelmäßig wurden dem heiligen Josef schriftlich meine
drückenden Anliegen »unter die Füße geschoben«.
So ganz im geheimen — der Heilige wußte bereits davon,
ich habe es ihm ja oft genug gesagt — lag hinter der Statue
schön zusammengerollt ein schwarzes Tuch.
Es kam nie soweit.
Die Drohung allein hat gewirkt.
»Wenn du nicht helfen solltest . . .
Durch einen schwarzen Vorhang sieht man dich nicht.«

Das Pfarrheim war fertig. Jahr für Jahr veranstaltete ich
den ganzen Herbst hindurch »Kulturelle Festwochen«, die
pro Saison Tausende Menschen nach Harth brachten, so daß
es bald durch alle Zeitungen ging: »Harth, der kleinste Fest-
spielort der Welt.«
Nicht ganz zu Unrecht. Die Pfarre zählte kaum 600 Seelen,
der Pfarrort selbst nur 128.
Der damalige Außenminister Dr. Rudolf Kirchschläger,
Dr. Otto von Habsburg, viele Fachleute, Persönlichkeiten und
Gruppen kamen in die Pfarre.

Die Kulturellen Festwochen in Harth wurden zu einem
Modellfall katholischer Erwachsenenbildung.

Im Sinne der Erwachsenenbildung ging es hier systematisch um Orientierung, Information und Bildung.

»Ohne Bildung geht es nicht!«
Eine moderne Kanzel unserer Zeit. — Um von hier aus das Evangelium zu verkünden.

Harth im Waldviertel wurde so Jahre hindurch ein Beispiel dafür, was kleine Gemeinden an kultureller Arbeit leisten können. Nur wenige Städte, die über aufwendige Einrichtungen für die Erwachsenenbildung verfügen, können nach der Relation der Einwohnerzahl ähnliche Erfolge aufweisen. Zentralanliegen standen im Scheinwerferlicht unserer Bemühungen, an denen sich dann die einzelnen Veranstaltungsthemen zu orientieren hatten. So ging es Jahr für Jahr seit 1966. Bis 1973 eine in Niederösterreich ausgebrochene Maul- und Klauenseuche dazu zwang, öffentliche Veranstaltungen zu verbieten.

Rochus — der Felsen, der Turm, der Erhabene.
Hilfeflehend hoben die Menschen die Hände. Wenn die Pest umging und Tausende hinwegraffte.

Bittprozessionen trugen seine Reliquien durch die verseuchten Gassen. Und fast immer ereignete sich das Wunder: Niemand starb den Schwarzen Tod vom gleichen Tag an. Die Massengräber konnten geschlossen werden.

Das war der heilige Rochus, der Schutzpatron meiner Pfarrkirche, die am 16. August ihren Beschützer feiert. Ein Pilger mit Muschelhut, Tasche und Stab.

Anfang des 14. Jahrhunderts kam er von Montpellier nach Italien. Auf dem Weg nach Rom war er, zum Grab der Apostelfürsten. Was traf er unterwegs an?

Die Pest war im Lande. Elend über Elend überall. Anstatt weiterzuwandern, übte er Erbarmen und Barmherzigkeit aus. Sein Gebet und sein Kreuzzeichen hatten eine wunderbare Macht vor Gott.

Rochus wurde selbst von der Pest ergriffen, wankte in einen nahegelegenen Wald und legte sich in eine unbewohnte Hütte. Eine Quelle entstand vor derselben, an der er sich erquickte. Ein Jagdhund trug ihm Brot zu. Wieder genesen, kehrte Rochus nach Frankreich zurück. Unterwegs half er vielen Menschen.

In seiner Heimat wurde er als Spion verhaftet und fünf Jahre lang eingekerkert.

In seiner Sterbestunde brachte ihm ein Priester die heilige Kommunion. Da ging von seinem Gesicht ein lichter Schein aus. Erst als Rochus tot war, erkannte man ihn und erfuhr von seinem heiligen Leben.

Unter seinem Schutz, dort oben auf der Höhe, da bin ich daheim.

## *Vom Missionar zum Kräuterpfarrer*

Ich habe in meiner Pfarre als Seelsorger ein großes Betätigungsfeld gefunden. Jahre hindurch war ich Religionslehrer — und das mit Begeisterung — auch außerhalb meiner Pfarre. Für schwer erziehbare Jugendliche, für behinderte Kinder und in landwirtschaftlichen Fortbildungsschulen. Ein besonderes Anliegen war mir die Jugend in meiner Pfarre, der ich viel Zeit widmete. Wir spielten oft Theater.

Mein Garten aber wurde mir zur Heimat. Half mir aufzuatmen in freien Stunden.

Wurde mir zum Einssein mit Gottes Wunderwelt im Kleinen. Wobei jedes Kräutlein, jede Blume, jeder Tropfen Wasser Beglückendes durchschimmern läßt.

Hat meine Kräuterliebe mit dem Säckchen Erde begonnen, das ich nach China mitgenommen habe? Oder war es die Kräuterliebe, die mich über die Äcker gehen ließ, um ein Bröserl davon als »Gut-Geleit« mitzutragen?

Sicherlich nicht im Sinne des Aber-Glaubens. Nein. Einzig und allein nur als Stumme-Sprach-Lehre, die sehr wohl zu reden weiß.

Heimatverbunden war auch der ruhelose Wanderer Paracelsus. Als gewissenhafter Arzt störten ihn Einstellungen, die den Menschen seiner Heimat entfremden.

Bin ich anderes als ein Seelenarzt?

Als Lebewesen stehe ich unmittelbar im Leben meiner Umwelt. Ich bin mit den Elementen und ätherischen Strömungen dieser Umwelt verbunden.

Mit ihr muß ich in Harmonie leben. Aus ihr entstehen die Krankheiten, aber auch die Medizin.

Als ich die Pfarre übernahm, war ein Großteil des 72 Ar großen Gartens verpachtet. Ich löste den Vertrag auf. Ließ zuerst von einer Diplom-Landwirtin den Boden genau untersuchen. 60 Löcher wurden gegraben, ein jedes 65 cm tief. Aus jeder Grube wurden im Abstand von je 20 cm Höhe Erdproben entnommen. Jede Probe wurde beschriftet und numeriert, die Löcher markiert. Das Ergebnis der Untersuchung studierte ich gut durch. Ich kannte nun die Beschaffenheit jedes Stückchen Bodens meines Gartens.

Ein Drittel der Fläche war früher ein Fischteich gewesen. Einige feuchte, sumpfige Stellen durchstach ich. Machte Gräben auf, füllte sie mit Steinen an und schüttete sie wieder zu. — So wurden undurchlässige Stellen geöffnet. Mit Sauerstoff versorgt. Ich pflanzte Birken, die den Garten zum Friedhof hin optisch gut begrenzten und mir wertvollen Birkensaft und Blätter für Tees lieferten.

Da ich auch Geflügel hielt, löste ich den Dünger in Wasser, fügte Kräuter hinzu und ließ alles vergären. Bald hatte ich eine wertvolle Flüssigdüngung.

Ich kaufte einschlägige Bücher, abonnierte Zeitschriften, versuchte mich weiterzubilden. Mein Lehrmeister war Anton Eipeldauer.

Ein großer Komposthaufen ward bald zu meinem stillen Stolz. Umschaufeln, eintreten, abdecken, begießen — das machte mir Freude.

Schließlich arbeitete ein Gartenbau-Ingenieur einen Bepflanzungsplan aus. Ich hielt mich daran.

Nun war der Garten eingeteilt. Die Wege waren angelegt, die schadhafte Umfriedungsmauer ausgebessert. Ein Großteil dieser Mauer wurde neu errichtet.

Blumen aller Art wuchsen. Obstbäume und Beerensträucher gediehen. Ich verkaufte zuerst einen Teil der Erträge, um die Auslagen decken zu können. Brannte Schnäpse.

Der Garten war »sehenswert« geworden. Da fing ich an zu verstehen, daß ich so vieles noch nicht wußte.

Der erste Schritt zum »Kräuterpfarrer« war gesetzt.

Mein selbsterzeugter Obstbrand. Ein Begriff.

Bei einer österreichischen Ausstellung hatte ich »Gold« bekommen. Jetzt wollte ich diesem guten »Obstler« einen besonderen Geschmack verleihen.

Kräuterbücher wurden angeschafft. Fleißig studiert.

Ich wußte wohl, welche Kräuter das Aroma heben und gleichzeitig die Gesundheit begünstigen können.

So fuhr ich los, zu sechs Apotheken der Umgebung.

In keiner einzigen fand ich, was ich wollte. Kalmus und Gelbe Enzianwurzel bestellte ich schließlich in einer Apotheke in Innsbruck. — Das war im Jahr 1968.

Kräuter selber sammeln. Im eigenen Garten anbauen. Trocknen. Mischen. Meine ersten Kräuterschnäpse entstanden, erregten Aufsehen und Bewunderung.

Bald wurde mein Pfarrheim in den Sommermonaten zur Kräuterbude. Ich komponierte Teezusammensetzungen. Erprobte sie, verschenkte sie.

Menschen konnte geholfen werden.

Kräuterbücher wurden angeschafft und fleißig studiert.
Meine Schnäpse sind zu einem Begriff geworden.

Kräuterwanderungen mit dem ORF-Kärnten wurden
zu einem Ereignis.

Die Sonne erwärmt.

Sie schreit nicht. Die Menschen kommen von allein und sonnen ihre steifen Glieder.

Wie die Sonnenstrahlen das Obst heranreifen lassen, so verhält es sich auch in unserem Leben. Geben als Grundbedingung, dann entfaltet sich die Wirkung von selbst. Vorausgesetzt man legt alles in Gottes Hände.

So war es mit mir und dem Sendungsbewußtsein als »Kräuterpfarrer«.

Lange nachdem ich die Kräuter wachsen gehört, ihre Sprache verstand und mit ihnen zu plaudern wußte, hatte da und dort ein Kräutergeschrei begonnen.

Ein Kräuterboom war losgebrochen.

Pfarrer Rauscher hatte in Karlstein den Verein »Freunde der Heilkräuter« gegründet. Er verunglückte am 21. November 1979 tödlich.

Am Tag des Erzmärtyrers Sankt Stephan, da hatte man mich in meinem »Lager« aufgespürt. Wich nicht mehr von der Spur ab. Wollte mich unbedingt herauslocken.

So bin ich zum Verein »Freunde der Heilkräuter« gekommen. Alles andere ist mehr bekannt als mir lieb.

Aber wie Gott will.

# IX  Ein Mensch wie ich

## Der Traum vom verlorenen Königreich

Am Rande der Straße.

Der Häuserblock steht geschlossen da. Mit steinernem, trutzigem Blick reiht sich Haus an Haus.

Eine Einheit. Nach außen hin.

Leblos wäre die Fassade, wenn nicht da und dort sich ein Fenster öffnete und ein Menschengesicht freigäbe, das versucht, mit den Augen ein Stück Blau des Himmels zu erhaschen.

Oder ein Tor, eine Tür tut sich auf.

Menschen treten auf die Straße. Bald sind sie von der Anonymität der Masse verschlungen.

Es scheint, als hätten sie keinen Namen mehr. Als wären sie nichts anderes als die Großstadt selbst.

Aber die Großstadt lebt. Auf verschiedene Weise lebt sie. Der Wind allein schon bringt Leben hinein. Ist immer zu allerlei Streichen aufgelegt. Zerrt an den Kleidern. Streicht um Nase und Kinn. Hebt Hüte in die Höhe, nimmt da oder dort einen mit. Schafft so blitzartig Unordnung in der hastenden, sich selbst dahinreißenden Woge beweglicher Gehsteigbenützer.

Einer von denen bricht aus.

Hält bei seinem genormten Gang inne. Nimmt sich Zeit zum Schauen.

Es ist Herbst.

Herbst in der Großstadt.

1987. Nach einer Fernsehsendung mit dem
Gesundheitsminister von Togo, Westafrika, in Lomé.

Wie von unsichtbaren Händen getragen, kommt etwas über das Dach gesegelt. Geradewegs auf ihn zu.

Vom Hinterhof her.

Dort steht, unbehelligt vom Großstadt-Getriebe, ein alter Ahornbaum. Nahezu hundert Jahre steht er da. Zu Kaisers Zeiten hat man ihn gepflanzt. Als in der Ferne Kriegslärm ertönte und in seinem Schatten Kummer weinte.

Jahr für Jahr erlebt er den gleichen Rhythmus. Und die Bewohner mit ihm.

Im Frühjahr werden die Knospen prall zum Zerplatzen. Dann wird es vor den Augen der Menschen geboren, das neue Grün des Laubes, nach dem alle hungern. »Unser alter Ahorn grünt!« jubeln die Hausbewohner. Freuen sich, daß sie allein es sehen. Im Hinterhof. Denn der alte Ahornbaum ist ihre heimliche Liebe.

Im Herbst aber, da kommt es anders über ihn, den alten Baum. Er wechselt die Farbe.

»Ohjegelei«, meint da mancher. »Da herbstlt's ja.«

Jeden Herbst geschieht dem alten Ahorn das gleiche. Seine Blätter brennen ihm durch. Machen sich selbständig. Und der Haderlump Wind ist diesen Ausreißern noch behilflich. Trägt sie über Dach und First.

Sie brechen aus, die Blätter, geradeso wie er, der Gehsteig-benützer, der sich Zeit zum Schauen nimmt. Und Zeit zum Träumen hat. Im gehetzten Alltag, wo man die Herrschaft über sein Königreich verliert.

Er denkt dabei an seine eigenen Jahre. Sagt, um sich gleichsam zu trösten: »Wie rasch doch alles vergeht.«

Unterdessen liegt es vor seinen Füßen, das rotgefärbte Ahornblatt. Und spricht zu dem Mann, der sich Zeit nimmt. Mitten in der Großstadt stehenbleibt. Ein Blatt reden läßt.

Ihm zuhört.

Der Mann bückt sich.

Hebt das blutrote Ahornblatt vom Boden auf. Sieht jetzt erst den gelben Rand. Der von Limone zu Orange wechselt, seine Farbe noch intensiviert und steigert. Er trägt es heim, das bunte Blatt.

Lange noch liegt es als Lesezeichen in einem Buch.

Jedesmal, wenn der Mann, der sich Zeit nahm, mitten in der geschäftigen Großstadt stehenzubleiben, mit seinem Herzen Worte für ein fliegendes Blatt zu finden, das vor seinen Füßen landete, das Buch aufschlägt, erlebt er sich selbst.

Sich selber erleben. Wie herrlich.

Auch im Herbst. Wenn die Blätter von den Bäumen fallen. Vor die Füße. Buntgefärbte Blätter. Da findest du den Weg zu deinem Königreich.

Im Traum der Wirklichkeit führt der Weg zu dir.

Um uns herum gibt es so viele natürliche Kräfte.

Ich spüre sie. Öffne mich ihnen. Lasse sie eindringen. Mich umgestalten. Und fühle mich glücklich dabei.

Ob ich ein König bin? Herrscher eines ungeheuren Reiches, das in viele Teile zerfällt?

Alle diese Teile sind auf mich hin ausgerichtet.

Was wäre, wenn sich beide vereinen würden? Die von außen sich zu denen von innen gesellten. In mir?

Dann wäre ich auf dem Wege der Besinnlichkeit.

## Gerne breche ich aus

Verhäßlichung und Monotonie einer technisierten, herzlosen Umwelt.

Der Orientierungssinn schwindet in einem gesichtslosen Neustadtviertel. Echte Heimatverbundenheit kann hier nicht mehr aufkommen.

Intensives Naturerleben hingegen regeneriert den ganzen Leib-Seele-Geist-Menschen.

Baut Affekte ab.

Steigert die Konzentrationskraft.

Die Erde ist der Weg zum Leben.

Harmonisiert Blutdruckwerte und Gemütslage.
Bessert nachhaltig Verspannungszustände.
Wertet die Selbsteinschätzung des Menschen gerecht.
Tag für Tag lebe ich zwischen Bedrohung und Bewährung.
Gerne breche ich aus. Sprenge das Ghetto des Alltags. Suche naturbelassene Plätze und finde sie. Wo ich allein bin mit der Schöpfung.
Auch du brauchst diese Einsamkeit mit dir. Weil du ein Mensch bist wie ich.

Der Mittlere Kamp zwischen Rosenburg und Steinegg. Hinter dem Benediktinerstift Altenburg zieht er eine drei Kilometer lange Schlinge, den sogenannten »Umlauf«.
Hier ist der Eisvogel daheim.
Eine Tarnung braucht er nicht, wenn er auf eigenartige Weise auf Fischfang geht. Von einer Sitzwarte über dem Wasser hält er Ausschau. Stürzt sich jäh kopfüber ins Naß. Fängt stoßtauchend den erspähten Fisch.
Mit seinem orangeroten Bauch und leuchtendblauen Rücken besitzt er eines der färbigsten Gefieder unserer heimischen Vogelwelt.
Ganz anders die Bachamsel, die dem winzigen Zaunkönig am nächsten steht.
Weiß ist die Kehle und rotbraun die Brust. Vorsichtig ist sie und scheu. Mit schwirrendem Flügelschlag und hohem metallischem Ruf fliegt sie über dem Wasser und läßt sich »knicksend« auf herausragenden Steinen nieder.
Einzigartig ist ihr Nahrungserwerb.
In flachen, aber oft stark strömenden Flußbereichen läuft sie von Steinen aus ins Wasser. Verschwindet eine Weile unter der Oberfläche. Kann schwimmen und tauchen. Sammelt am Bachgrund allerlei Kleingetier. Dabei stellt sie sich mit gesenktem Kopf und aufgestelltem Schwanz so gegen die Strömung, daß sie zu Boden gedrückt und nicht fortgerissen wird.

Ihr wasserabweisendes Federkleid ist oben dunkelgrau, unten leuchtend weiß. Hat damit unter Wasser die gleiche Tarntracht wie die Färbung der Fische.
Besinnlich wandere ich den Mittleren Kamp entlang.
Ganz nahe am Ufer.
Finde durchschnittlich nach jedem Kilometer Flußlauf ein neues Revier eines Bachamselpärchens.

## Hinein in die hautnahe Wunderwelt

Schauen lerne ich selbst immer wieder.
Schauen lehre ich andere in hartnäckiger Beharrlichkeit und Ausdauer. Gebe das Geschaute weiter.
Sechs Spechtarten klopfen fleißig, ohne einander zu stören. Vom sperlinggroßen Kleinspecht bis zum krähengroßen Schwarzspecht. Durch unterschiedliche Körpergröße wird Nahrungskonkurrenz vermieden.
Auf Blättern und Zweigen pickt die Blaumeise ihre Nahrung. Jede Meisenart bevorzugt bestimmte Jagdbereiche.
Der Schwarzstorch liebt große, zusammenhängende Forste, häufig durchbrochen von Blößen, durch Wasserläufe bereichert. Baut den Horst auf mächtigen Bäumen.
Rot leuchten die Hinterflügel des Braunen Bären im Fluge auf. Im Sitzen hingegen schützt das nachtaktive Tier seine fleckige Tarnzeichnung. Die stark behaarte braune Raupe hat der Art den Namen gebracht. Sie ist auf niedrig wachsenden Blattpflanzen zu finden.
Der Igel, für viele Tiere unangreifbar, wird vom Uhu mitsamt seinen Stacheln geköpft. Nicht selten sieht man unter seinen Sitzbäumen das ausgewürgte Gewölle.
Aus einem toten Baum wuchert das Kleine Springkraut, ein Balsaminengewächs, das auch »Kräutlein Rühr-mich-nicht-an« genannt wird. Die reifen Samenkapseln springen bei der leisesten Berührung auf. Schleudern so die Samen mit

einem hörbaren Knipsgeräusch weit fort. Das Kraut wächst an Plätzen mit hoher Luftfeuchtigkeit oft üppig.

Der Baum- oder Edelmarder gilt als ärgster Feind des so lebendigen Eichhörnchens. Auch er muß vor dem Uhu auf der Hut sein. Dieser wieder braucht ungestörte Horstfelsen.

Zum seltenen Uferbegleiter ist der Straußfarn geworden, mit seinen aufrechten Rosettentrichtern, welche über einen Meter hoch werden können. Er ist einer der schönsten und stattlichsten Vertreter der Farnfamilie.

Ufer ist Kampfzone zwischen Wasser und Land. Gebogene Bäume, abgelagertes Treibholz kennzeichnen es. Ufersäume üben auf mich immer wieder eine besondere Anziehungskraft aus. Licht und Schatten, Ruhe und Triebkraft kontrastieren hier.

Ist es in meinem oder in deinem Leben viel anders?

Von Augenblick zu Augenblick wird ein Werden.

Schwindet der Augenblick, dann . . .

. . . umhüllt mich die Ewigkeit.

Läßt mich neu werden in der Geborgenheit.

## *Dasein für andere will ich*

Die Spannweite des Dankes.

Der Tiefgang der Hoffnung.

Sie sind Ansporn für meinen lebendigen Glauben. Daß ich auch unserer Zeit — die ja meine Zeit ist — viel mehr zutraue, um im täglichen Leben SEINER Kraft ganz teilhaftig zu werden.

Dasein für andere heißt mein Leben zweimal leben.

Was unserer Zeit fehlt, das sind liebende Menschen. Einfache, schlichte und unkomplizierte, die, wo immer sie auch stehen, aus sich heraus mit dem Schöpfer eins werden. Jeder auf seine Art.

Im Sturm wird der Baum — und im Leid, da werde ich.

Liebe kennt keine Hindernisse, bricht sich eine Bahn.
Erleichtert alles und treibt zum Höchsten.
Macht alles Schwere leicht.
Nimmt in Gleichmut Leiden an.
Trägt die Lasten mühelos.
Wandelt alles Bittere.
Die Liebe drängt zur Höhe und will nicht in den Niederungen festgehalten sein.
Ergriffen möcht' ich werden von der Liebe.
Ehrfurcht haben möcht' ich vor jedem Menschenherzen.
Denn als Gott es erschuf, stand ein gar herrliches Bild vor SEINEM ewigen Geist.
Jeder Mensch trägt dieses göttliche Urbild in seiner Brust.
Seine Aufgabe ist es, ihm ähnlich zu werden.

Ich bin Priester und Ordensmann. Trage das »Weiße Kleid«, wie es auch unser Ordensvater Norbert getragen hat.
— Weiß war seit den ältesten Zeiten des Christentums die Kleidung der Priester und nicht der Mönche.

Die edelste Aufgabe meiner Be-Ruf-ung ist es, das verhüllte Gottesbild in jedem Mitmenschen zu erkennen. Und mitzuhelfen, es zu gestalten.

Gottes Schmiede darf ich sein, die SEINE anmutigen Bilder herausformen soll aus den Herzen der Menschen.

Zu allererst aber habe ich das eigene Herz nach Gottes Willen zu bilden.

Ein heiliger Gotteskelch soll es werden.

Das Feuer, ihn zu schmieden, gibt mir Gott in den drei Flammen, die mein Herz durchglühen: Arbeit, Kampf und Leiden.

Damit ich teilhaben darf am Erlösungswerk, weil der Herr der Schöpfung Gehilfen braucht.

ER braucht dich.
Braucht mich.
Weil ER uns mag.
Und weil ER uns will.

Was ich deshalb sein möchte?

Ein Baum möcht' ich sein.

Des Baumes Kraft kommt aus der Verwurzelung mit der Erde, von unten, und dem direkten Streben zum Licht, nach oben hin.

Sein Auf-Wachsen ermuntert und ermutigt.

Bleibt er am Boden liegen, vermodert er.

Selbst im Tod findet er den Weg, neues Leben zu nähren.

Sein immerwährendes Aufblühen beseelt, erfreut und geht dem Fruchten voraus. Fordert mich zu bewußt gelebter Herzensfröhlichkeit auf, die dem Trübsinn bezwingend die Stirn bietet.

Baum ist Dank und Ausdauer in einem.

Im Sturm wird der Baum — und im Leid, da werde ich.

»Die Leiden bringen uns zur Herrlichkeit.«

(Don Bosco)